U0755905

WANGLUO YUYAN
DE CHUANGXIN YU GUIFANHUA YANJIU

网络语言的创新与规范化研究

主　编◎王　云
副主编◎姚泽金　朱亚峰
撰稿人◎王　云　姚泽金　朱亚峰　陈思宇
韩惠迪　侯大明　李秋硕　李晓芳
李雪楠　李　杨　刘峙奥　牛梦彤
钱柳君　乔晨阳　仝景丽　朱佳楠
朱丽莎

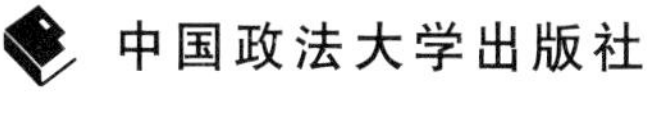

中国政法大学出版社
2018・北京

前 言

网络改变世界，网络改变生活，网络正加速改变我们的思维方式和表达习惯。作为信息化社会的产物——网络语言的应用越来越广泛。它产生于虚拟化环境之中，既有其传统语言的特征，又具有创新性，由于其对社会影响较为深刻，引起了人们的关注和探讨。英国学者戴维·克里斯特早在2005年出版的《语言与因特网》（Language and the Internet）一书中就探讨了语言在因特网中的作用以及因特网对语言的影响，他既承认网络语言的多样化符合不同的交际场合和交际群体的需求，又极为尊重网络中个人的语言创新能力和适应能力，不赞同以规范的方式影响网络语言的发展。国内学者则多从语言学角度，对网络语言的概念、分类、特征、构成、应用及负面影响等方面进行了研究探讨。笔者以为，网络语言不仅是语言现象，还涉及社会、心理、技术、文化融合等领域，研究网络语言不能够仅限于语言学本体，还要从社会学、心理学、信息技术、文化传播学等角度进行深入探讨。因此，笔者借助国家语委科研项目（网络语言的创新与规范化研究，WT125－64）的支持，对网络语言进行以下几方面的研究。

一、探索网络语言形成与创新的基本规律

笔者监测近几年来网络语言中出现频率高、流行速度快、影响深远的词汇，完成了分类描述，并结合个体词语所产生的背景和语境进行关联性分析，归纳总结了各类网络语言形成的内在原因。创新是网络语言最大的特点，这一点尤其体现在其不拘一格的构词方法上。传统语言新词构造最主要的方法就是合成、派生以及复合，但网络语言在构词方法上已经突破了原有的规则。通过对网络语言构词方法和技巧进行分析，笔者归纳总结出一些构词经验和构词规律，帮助人们更好地掌握网络语言的形成机制，促进网络语言的创新。

二、研究网络语言的传播方式

相对于报纸、杂志、广播、电视四大传统意义上的媒介，网络被称为第五媒介。网络媒介具有时效性强、传播技术丰富、公众参与度高等突出优势，其发展呈后来者居上的趋势，影响力已超越传统媒体。网络语言传播基于网络媒介，某些热词先流行于虚拟平台，后传播到现实社会，传播速度快、影响范围广。通过网上查询监测的方法，笔者梳理了网络语言特别是热词的传播方式、特点，解析了这种传播方式的内在规律。

三、评估网络语言创新对传统语言的影响

语言是文化的载体，要想了解一种新型语言样式的出现会对传统语言文化的发展产生怎样的影响？用科学的方法对其评估是必要的。网络语言的产生时间不长，可谓新生事物，可是它的出现带给我们的影响是深远的。用辩证的方法来分析看待网络语言的创新是一个正确的态度。一方面，网络语言创新速度快、构词巧妙灵活、表意生动贴切、具有鲜明的时代特色，极大地活跃了人们之间的交流并提升了交流的愉悦感，是推动语言文字发展的正能量。另一方面，网络语言创造的一些新词新语也为传统语言文化的发展带来一些消极的影响。如对传统语言系统的破坏，对书面语言内涵的改变，对语言学习的困扰等。本研究采用定量分析与定性分析，结合实证的方法对网络语言积极的方面和消极的方面进行分析研究，进而回答网络语言是否需要被规范的问题。

四、探讨对网络语言规范化的途径

目前，社会对于网络语言是否需要被规范的问题存在较大的争论。网络语言的创新是依赖于宽松、自由的网络环境的，如对它进行严格规范是否会束缚创新呢？这就要看怎么去规范了。我们认为，网络语言的规范不在于堵而在于疏。因为禁止不利于网络语言的创新和发展，同时也很难找到“禁”的好办法，所以采用引导的方式去规范或许是一个有效的途径。本课题从制度、标准和技术三个层面来探讨通过引导的方式对网络语言进行规范的途径：首先，通过完善制度保障语言文化健康发展。近年来世界上各大国都在加紧制定自己的语言战略，利用语言维护国家的信息和文化安全，对内消解社会矛盾、凝聚民心、促进和谐，对外传播国家的文化和理念。我国早在2000年就颁布了《中华人民共和国国家通用语言文字法》，实现了汉字语言在法规上的规范。但由于该法的制定时间较早，当时网络语言才刚刚兴起，所以涉及网络语言的规范不多。当前信息化社会，网络语言盛行，从信息和文化安全的战略高度制定相关的规则尤为必要。应用比较分析的方法，对发达国家语言方面的法律规范和战略规划进行研究，对比我国在该方面的差距，通过完善制度来规范网络语言的创新，为我国语言文化的健康发展提供有力的保障。其次，通过建立标准引导网络语言的应用。语言的应用要有规范和标准，网络语言亦是如此。传统语言的学习应用往往借助于《中国汉语词典》，网络语言效仿该方法，探讨建立《网络语言在线词典》，专门收录具有正能量的网络语言，进行准确释义、示范应用，逐步建立网络语言的标准，起到丰富语言文化、去粗存精、方便网民在线使用的作用，正确引导网络语言的学习和应用。最后，通过信息技术对不合规的网络语言进行矫正。有些网络语言或滥造或有损传统语言的完整体系和影响网络交流的文明、和谐环境。针对这些不合规的网络语言，我们尝试采用技术手段进行监测过滤或在不改变原义的前提下进行形态的转换，矫正不良的网络用语，净化网络语言环境。

本课题组对上述主要内容进行了研究探讨，并将研究成果撰写成论文，现将相关论文编纂成集予以出版。本书对网络语言创新机制和传播方式的理论成果进行了深入的探讨，其重点在于研究网络语言的规范途径，最终提出“制度保障、标准引导、技术矫正”的规范新思路。由于认识所限，不妥之处在所难免，恳请读者不吝赐教。

本书的完成，要特别感谢课题组成员中国政法大学姚泽金教授、朱亚峰副研究员以及光明新闻传播学院陈思宇、韩惠迪、侯大明、李秋硕、李晓芳、李雪楠、李杨、刘峙奥、牛梦彤、钱柳君、乔晨阳、仝景丽、朱佳楠、朱丽莎等研究生，在大家的团结协作、辛勤劳作下我们才获得了这样的成果。

本书的出版是由国家语委科研项目（网络语言的创新与规范化研究，WT125－64）资助。

编 者

2018 年 8 月

目　录

网络语言发展与创新

网络语言演进研究

随着互联网的高速发展，网络语言的演进日新月异，引起了广泛的关注和讨论。网络语言是在创新还是在破坏，这一问题引起了广泛的争论和思考。本文旨在梳理网络语言发展的最新特点和动因，为网络语言演进的后续研究提供坚实的基础。

网络语言归根结底还是一种语言形式，是现代汉语的演化和发展，遵循最基本的汉语特点。因此，本文将从语言学，尤其是汉语研究的通常维度来解析网络语言的演进变化，主要包括文字、语音、词汇、语法四个维度。

一、文字的演进

网络语言在文字上的新特点和新现象主要分为四种情形。一是生僻字的重新启用，二是符合造字规范的文字新创，三是完全违反造字规范的文字拼凑，四是外文和符号组合而成的颜文字。

（一）生僻字的重新启用

2008年，“囧”字开始悄然流行起来，“囧”原为光明之意。台湾某青年用“orz”来代表郁闷，因为“orz”很像一个人跪着，改为“囧rz”后更加形象，后来经网络社区的流传，加之其独特的文字形象，像极了一张哭丧的脸，最终发展出郁闷等网意。

源自于“囧”字的灵感，许多网站上陆续开设了关于生僻字的兴趣小组，如豆瓣网的“我爱生僻字”小组，更多的生僻字被挖掘出来，如靐（bìng）、骉（biāo）等。但是不出几年，这些兴趣小组的人气越来越淡，热情和狂欢之后重新启用的和被人们记住的并不多，也许唯一流行至今的就是最初的那个“囧”字。

我们都知道文字的流传至少要符合两个条件：一是符合汉字造字法；二是具有实践上的需求。这些生僻字之所以会成为生僻字，就是因为其实践上用途的灭失，即使网民将其强行复活，由于使用的时间、空间的狭窄，狂欢过后，这些字仍旧只能是留在历史的长河中，不能被现代汉语接纳。

（二）符合造字规范的文字新创

2009年8月12日，教育部对亲、琴、唇等44个汉字字形进行“整容”的征求意见发布后，网络上开始流行一种造字游戏。

比如用“脑残”的“脑”与“残”相结合的“nan”字表示“缺心眼”。

比如用“五”字和“毛”字结合在一起的“wao”字讽刺那些“每千字五毛钱”的被雇佣的回帖者。

比如左边一个“皮”，右边一个“夹”的“皮夹”，网民们也为这个曾因春晚小品《不差钱》而风靡一时的“pia”字造出新字。

又比如“屁民”。2008年10月29日，深圳发生了“猥亵门”，原深圳海事局书记林嘉祥对受害女童的父母说：“我是交通部派来的，级别和你们市长一样高，敢跟我斗，你们这些人算个屁呀！”于是网民造出“屁民”这一字词指称无职无权的平民百姓。[1]

从“皮夹”“屁民”等字（如图一）可以看出，新造字大多是新造词的形象化延伸。这种语言现象出现的原因可能是多方面的。首先，从这些新造字的内涵来看，大多具有讽

---

〔1〕 http：//www. u148. net/article/16219. html.

刺意味，可能是网民内在情绪宣泄和表达的一种方式。其次，难逃标新立异夺眼球之嫌，以区分“我”与“非我”，构建自己的话语空间。

正如上文提到的，文字的传承和使用需要其具有实践价值，经得住时间的考验。然而，我们可以看到无论是 nan、wao 还是 pia 等字都很快淡出了网民的视野，没有沉淀下来，说明其使用价值不高。并且，主流的汉字输入法都无法打出这些字，也是客观制约这些字发展的重要原因。可以说打字法为汉字的规范化起到了客观的积极作用，而手写字则没有这一优点。

图一

（三）完全违反造字规范的文字拼凑

2015 年又有一批新造汉字流行开来，如“吃吃吃”念“肥”，“呵呵呵”念“滚”，“买买买”念“穷”，“丑丑丑”

念“我”，如图二所示。

这些字和以前的造字运动有诸多不同：①基本不符合造字规范，多为基本汉字的拼凑。②讽刺意味减少，自我调侃意味增加。③语音多为其他既有汉字的读音，没有新造，基础汉字和其语音有一定的逻辑关联，反映了网民的心理。④娱乐意味更强，恶意较少。⑤同样存在输入法难以打出，实际使用范围较小的特点。

图二

（四）外文和符号组合而成的颜文字

在表情包和表情符号诞生之前，我们只能用字符来表示情绪，于是有了很多虽然线条简单，但萌力爆表的字符表情。由各种各样的或正常或稀奇古怪的符号构成。这些表情也一直保留到了现在，甚至还常常被使用。虽然这些符号看起来和汉字相去甚远，但实际上它们本身也是文字，来自世界各个国家和民族。

比如（ノ°д°）ノ中的“д”，是西里尔字母（Kirillica）的一部分，读音是De。再比如（ლ╹◡╹ლ）中的“ლ”是格鲁吉亚的文字“骑士体”，念作lasi。

由于这些符号本身就是文字，可以被打字法输入到电脑和手机中，且基本不会出现乱码等机器识别障碍，客观上为其流行创造了条件，这是汉字造字传播所不具备的优势。加之其可爱的形象和生动有趣的外观，被年轻人所喜欢和接纳。但是我们也可以看到，在表情包和表情符号诞生之后，颜文字的使用度逐渐降低，未来可能会走向没落。

二、语音的演进

语音的发展意味着变化，没有变化的情况是比较少见的。[1] 语音诞生以来就处于不断的变化发展中，网络时代语音发生与社会生活相适应的变化是必然的，也是必要的。但是，我们也不能忽略网络时代语音的演进和历史上的语音演进的巨大不同。从《汉语发展史》第三章关于语音发展规律的叙述中，我们不难发现，语音的演进有以下几个特点：

（1）不是任意性的，是体系性的、趋势性的，改变的不是某一个字的读音，而是某个发声方式，进而影响到若干字的发音；

（2）语音的这些变化也不是突变，而是逐渐改变而被大家所接受的；

（3）语音的变化一般为不走回头路的变化，新的发声方

〔1〕 高建平、高晓梅、程树铭主编：《汉语发展史》，哈尔滨工程大学出版社2007年版，第68页。

式的出现意味着旧的发声方式消失。

而网络时代的语音发展并不具备以上特点。

网络时代语音演进的来源主要有三个方面：一是方言；二是外来语；三是来源于公众人物的语言行为。这意味着语音的发展不具备体系性、趋势性，更多的是偶然性的、非渐变的。同时，这些语音由于不是对旧的发声方式和习惯的取代，因此它与现代汉字规范发音是并存的。下面将具体举例阐述。

（一）源于方言

中华人民共和国成立后，尽管相关部门一直在极力地推动普通话的普及，但是方言的使用还是极其普遍的，许多人在入学前使用方言，入学后开始掌握普通话，这使得很多人成为双言者。方言和普通话大多数词汇书写形式相同、语法基本一致，主要是发音不同。并且方言和普通话的使用情境不同：普通话作为标准语多用于正式场合，方言多用于非正式场合。[1] 网络空间的交流多为私人的非正式交流，与方言的使用情境契合。加之，方言的使用具有极其重要的身份建构功能：一是具有标志功能，如使用粤语、江浙口音和上海话标志着说话人来自发达和富裕地区，其经济实力、身份立

〔1〕 王悦、陈俊、张积家：“心理科学进展”，载《方言与普通话并用：双言心理研究述评》2012 年第 20 卷。

即得以构建;[1] 二是具有区分“我”和“非我”的功能，熟悉的语音会带给其亲近感和认同感，更容易交流。基于以上的原因，方言被搬到网络，之后再被一次次传播放大，其中有趣好玩的方言成为新的网络语言，被非该方言的使用者熟知并使用。如“介都不是事”来自天津方言，其中的“介”是普通话中“这”在天津话中的发音。再如“小公举”来自粤语，“公举”是普通话中的“公主”在粤语中的发音。

（二）源于外来语

互联网普及后，信息获取的便利性客观上加速了日韩文化在我国的流行，同时看美剧也成为新时尚，这不可避免地带来外来语对我国语言的渗透和改变。网民开始只是自己听外来语，后来在论坛中交流，随着弹幕技术的流行，外来语的渗透更快更深入。最典型的就是“wuli 滔滔”，“wuli”是“我们”的意思，在汉语中没有与其发音相对应的汉字，不符合汉语的发音方式。之前外来语的进入，往往会在汉语中找到与其发音最相近的词进行音译，而最近出现了新的形式，就是像“wuli”这样的词，没有进行汉化发音的改造，而是直接保留了其原本的发音，这是值得重视的新现象，类似的还有笑 cry、low 等。

---

〔1〕 张焱:《语言变异建构社会身份》，社会科学文献出版社 2013 年版，第 40 页。

（三）源于公众人物的语言和行为

典型的有源自小沈阳小品中的“pia”和成龙广告中的“duang”。我们可以看到这两个语音是现代汉语所不具有的，有强烈的个人色彩，且多为拟声词，没有实际上的意义。使用的语境也多为搞笑娱乐和讽刺。

三、语汇的演进

语汇的创新与语音、汉字、语法的创新不是完全割裂的，其背后的客观来源和社会心理应当是重合的，只是表现方式和突破口不同，分别体现在汉字、语音、语汇、语法中而已。但是语言的本身特点决定了文字、语音、语法是相对稳定的，变化不会太大，网络空间语言的演进也印证了这一点，而语言的自身特点也决定了语汇本身就是不稳定的。《汉语发展史》一书的“历代词汇系统的发展”一章中对汉语词汇几千年的发展进行了梳理，发现社会的发展对语言词汇的影响是巨大的，每个时代都有大量的新事物、新现象，这需要创造出新的词汇来描述它，网络空间的语言发展也完全符合这一特点——大量的网络空间新生事物催生了大量的网络词汇。那么，具体而言有哪些特点和动因呢？

（一）提高效率的需要

1. 简化

《汉语发展史》一书指出现代汉语词汇发展的一个重要

特点就是“词组的迅速词化”。[1] 网络空间词汇的发展有类似的特点，又有所发展和不同。

现代汉语词汇发展的特点是词组的词化，而网络语言则有句子词化的特点。典型的有“然并卵”（“然而并没有什么卵用”的缩略）、“城会玩”（“你们城里人真会玩”的缩略）、“我伙呆”（“我和小伙伴们都惊呆了”的缩略）等。这些句子都是在网络空间经常使用的，为了提高交流的效率，人们将它们词化。

为了提高交流的效率，简化现象并不仅停留在句子的简化，还有许多表现形式。如借用数字，典型的有“666”表示溜溜溜，“233”意味捶地大笑。但它们产生的原因并不相同，“6”是溜的谐音，而“233”则来源于猫扑论坛表情符号的第233号捶地大笑的表情。还有的借用英文简称，典型的有“BGM”，为背景音乐的英文简称；“ACG”指动画 Anime（Animation）和漫画 Comic 以及游戏 Game；“FF”在 ACG 的世界里，一般指 Final Fantasy，即最终幻想系列游戏。

2. 拼音输入法导致输入错误

除了简化，还有一类典型的网络新生词汇来源于拼音输入法导致的重码问题，虽然出现了错误，但是网民常常对其进行放任，就导致了一些新的网络语言出现。典型的如“吃

---

〔1〕 高建平、高晓梅、程树铭主编：《汉语发展史》，哈尔滨工程大学出版社 2007 年版，第 124 页。

藕”，该词源于百度贴吧，某网友发帖问一个游戏中的人物是不是很丑，不小心把“丑”打成了“吃藕”。吃藕 = chi ou = chou = 丑。从此，以“吃藕”表示“丑”的用法，在网上流行起来。

（二）因发音不准而产生的新词

1. 汉语发音不准

典型的有 2015 年特别火的网络新词“方”。方 = 慌，普通话 h 和 f 不分，慌即方，表示慌张。出自 Bilibili 的视频约瑟翰·庞麦郎翻唱《童话》，其中一句调音歌词“我开始慌了”发音不够标准，被吐槽“我开始方了”。

2. 英语发音不准

典型的有“狗带”“伐木累”。“狗带”是“go die”的谐音，这一词源自年度话题人物黄子韬在一次演唱会上表演的英文 Rap。“This is my life，I am fine，我不会就这样轻易地 go die!”“伐木累”是“family”的谐音，《奔跑吧兄弟》2014 年 11 月 28 日这期，队长邓超为了动员大家，说出了一句“We Are 伐木累”，从此“伐木累”一词流行开来。

（三）因为外来语输入而产生的新词

1. 韩语

韩剧和韩国综艺的流行，使得一些韩语输入中国，备受年轻一代网民推崇，典型的有“欧巴”，意味哥哥；“欧尼”，意味姐姐；“亲故”，意味朋友；“大发”，表达惊叹。

2. 日语

日本动漫的风靡，也造就了一些新词。如“鬼畜”，这个词是从日文直译过来的，原意是像魔鬼一般残酷无情，引申为不人道甚至是一种变态虐待他人心理。再如“中二病”，指一种自我认知心态。“中二”是日语对“初中二年级”的称呼，中二病从字面上来理解就是初二年级青少年的某些病态自我意识，实际上不限于初二年级，也未必是正规意义上的病，这只是一种戏称。

3. 英语

源于英语词汇中，典型的有“逼格”一词，是 bigger 的谐音，起源于“Bigger than bigger”，这最初是苹果官网针对旗下苹果手机的广告宣传语，iphone6 的到来引起国内果粉的疯抢，引起了一些不好的影响，因而被网友讥讽为高端装逼的代名词，“逼格”一词由此流行。类似的还有“友谊的小船”，来源于英语 friendship，该词由 friend（朋友）和 ship（船）连接而成。

（四）源于公众人物的语言和行为

源于公众人物言行的网络流行语十分庞大，除了能够明显归类的语言类型，大多具有强烈的个人色彩和偶然性，尤其因其强大的影响力，有些词火得甚至有些莫名其妙。典型的有“我们”，源于范冰冰在其微博上公开她与李晨的合影，并配字“我们”，一时间“我们”一词被编成各种段子，它也成了红极一时的网络流行语。又如“买买买”，源于调侃网络红人王思聪及其父王健林的对话。“王思聪：‘爸，这个……’王健林：‘买买买！’王思聪：‘爸，这个……’王健林：‘买买买！’”

（五）源于普通网民的语言和行为

普通网民的影响力远没有公众人物大，但是并不妨碍他们的某些语言成为网络流行语，这些流行语内容五花八门，但都有一个共同的特点就是具有极强的可扩展性，适用多种语境。

如“整个人都不好了”，原本是天涯社区的求助帖子标题，其中有“现在整个人都不好了”的表述，后被广泛用于表达无语、无奈、受不了等情绪。又如“你家里人知道吗”，最早来自于百度贴吧，只要贴吧内发出一贴，大量水军即回复：“楼主你在贴吧这么叼，你家人知道吗”，后来被快乐麻花引为笑点，一段时间在网络上爆火，进而形成了一种文化。

四、语法的演进

网络语言的发展过程中，涌现了许多新字、新音、新词，同样也会出现新的语法现象，总结起来大概有以下两种：

（一）某些网络语言词性不明

网络语言中最明显的语法现象可能是某些词汇词性难以界定。上文提到现代汉语的一个明显重要发展趋势是词组的词化，这种变化发展并不会导致词性的改变，而网络语言中句子的词化则会导致词性不明，像“人艰不拆”“细思极恐”“累觉不爱”这些词，看似是词，实则表达了完整的语义，难以用任何一种词性来界定，完全不符合现代汉语语法规范。

（二）词性转化

网络语言中有一些词汇乍看上去和规范现代汉语没有什么区别，但放在具体语境中就展现出了不同的语义，关键就是词性发生了变化。

（1）实词虚化。“实力”一词，在规范的现代汉语中是名词，而在网络语言中却成为可以表示强调的程度副词，如实力打脸、实力坑爹、实力装逼等。

（2）虚词实化。“么”本身是个虚词，而网络流行语“么么哒”却是一个表示飞吻的动词。

语言的根本属性是社会性，网民身处网络社会之中，网民的社会性需求通过网络语言展现。通过上文对网络语言表现形式的梳理，基本可以得出以下两个结论：

第一，网络语言演进体现了网民情感表达的需求。网民通过网络语言彰显个性、表达情绪、昭示态度，或讽刺或卖萌，无一不是心理态度的体现。

第二，网络语言演进体现了网民身份建构的需求。网络的使用者，尤其是网络语言的使用者大多年龄段集中，思维方式相近，社会需求相似，他们本身是一个言语社区，用某种语言词汇来设置一个屏障，人为制造一个文化门槛，以区别“我”和“非我”。如“哔哩哔哩”就是一个很典型的例子，如果不懂动漫中的那个二次元世界，使用它们的语言，是很难和这些二点五次元的人交流的。

参考文献

［1］郑傲：《网络互动中的网民自我意识研究》，电子科技大学出版社2013年版。

［2］高建平、高晓梅、程树铭主编：《汉语发展史》，哈尔滨工程大学出版社2007年版。

［3］王悦、陈俊、张积家：“心理科学进展”，载《方言与普通话并用：双言心理研究述评》2012年第20卷。

［4］张焱：《语言变异建构社会身份》，社会科学文献出版社2013年版。

［5］彭兰：《网络传播学》，中国人民大学出版社2009年版。

萌系网络语言的发展及影响

一、概述

当前，萌系网络语言成为网络宠儿，萌文化也在我国蓬勃发展，形成了不可忽视的影响力。而网络语言的规范和管理，是当前网络语言生态治理的关键所在，因此对于萌系网络语言的研究便成为当下不可忽视的一部分。然而目前我国对于此问题的研究尚且不足，更多集中于对萌文化和“萌”字本身的研究上，对于网络语言的研究还存在很大空白。本文立足于对萌系网络语言的发展现状和社会影响，为萌系网络语言的发展和网络语言规范治理奠定基础。

在我国古代汉语中，“萌”字的意思大致包括：①植物的芽；②草木发芽，后常比喻事情刚刚显露的发展趋势或情况开端；③开始，产生；④除草。〔1〕而本文中萌系网络语言的“萌え”则主要来源于日本的御宅文化。20 世纪 80 年代末至 90 年代初，日语中来自中国的外来语“萌え”的语义开始发生了新的演变，主要描述“当看到令自己为之一动的动漫人物或网游角色时，从心底自然流露出的狂热喜爱之情”〔2〕。对于该词汇的意义来源，当今流行的说法有三种。其一，御宅文化评论家冈田斗司夫所支持的，认为其源于 1993 年的动画片《恐龙行星》中男主角对女主角“鹭沢萌”的称谓“萌”。其二，日本心理学家斋藤环所主张的，源于 1993 年的动漫《美少女战士水兵月》中的女主角“土萌萤

〔1〕 李应：“‘萌’系网络流行语的语用研究”，信阳师范学院 2015 年硕士学位论文。

〔2〕［日］四方田犬彦著，孙萌萌译：《论可爱》，山东人民出版社 2011 年版，第 135 页。

（土萌ほたる）”，其美丽外表和不幸身世打动粉丝，于是人们将“萌”定义为“由虚构的对象唤起的虚拟恋爱的感情”。其三，认为“萌え”来源于“燃え”。由于日语输入法 IEM 中，这两个拼写相同的字（moe）“萌え”在“燃え”之前，于是用“萌え”代替了“燃え”。

而后随着与日本的文化交流增强，二次元的词汇“萌え”又流回中国，由于中国更注重汉字“萌”，因而在文化交流中，其词义发生了一定偏差，更主要的偏向了可爱、喜欢、爱慕等意思。《中国语言生活状况报告 2009》（商务印书馆 2010 年）对其的释义是：“可爱。在日本动漫中，用这个字表达看到某物时，那种从脑海里一闪而过的、不夹带任何杂质的、美好的感情：喜爱，欣赏，使人感到愉快等。”当前“萌”的意义是“御宅文化”与“可爱文化”结合而成的，并且有逐渐融合和扩大的趋势。

综上所述，本文研究的萌系网络语言，即一定时期内，网络平台上流行的，以“萌”为核心，用“萌”作为卖点，以模仿儿童语言表达方式描述事物或表达对于喜爱的事物的爱慕、欣赏等感情的一系列词汇、语句或表情符号。

二、萌系网络语言发展现状与分类

在《咬文嚼字》发布的“2011 年十大流行语”中，“卖萌”列第六位，随后 2013 年“亲”“么么哒”“智商捉急”，

2014年“伐开心要抱抱”“吃枣药丸”，2015年“宝宝”“怪我咯”，2016年“友谊的小船说翻就翻”，2017年“皮皮虾我们走”等一系列卖萌词汇接连成为网络热词，以卖萌为主的表情包也逐渐成为聊天必备。2014年“萌萌哒”句式的病毒式传播更被看作是中国青年群体“萌”系语境建立的标志，[1] 造成了巨大影响。萌系网络语言一步步发展，产生了不同形式的表达方式，其构词方式逐步规范，语言的长度和难度也在逐步提升。具体而言，笔者将从2011年至今的萌系网络语言归为以下几类：

第一类，低龄化的词汇。此类语言在2011年前后达到火热的顶峰。代表词汇包括“有木有”（有没有）、“素不素”（是不是）、“口耐”（可爱）、“碎觉觉”（睡觉）、“表”（不要）、“酱紫”（这样子）、“伐开心”（不开心）等。此类词汇主要采用谐音的方式，通过改变声母、韵母，利用其他有相近发音的字替代原本字词的书写形式，产生比较可爱的类似宝宝学语的效果，达到“卖萌”的目的。该类词的产生和传播对于语言形式的发展而言没有太大实际的帮助，反而影响了正常社会语言交流，是无意义的语言形式上的游戏。因而其发展经历了爆发式流行后迅速降温的过程。

第二类，简单化的词汇。不同于第一类以谐音为主不改

---

〔1〕“2014年网络流行语分析：与时政的关系减弱”，载 http：//society.people. com. cn/n/2015/0323/c1008 –26737623. html.

变实际含义刻意“卖萌”的词汇，该类词汇的特点在于它虽然不完全按照语言学构词规则进行造词，但是却通过自有方式形成广为流传的萌系网络语言，用可爱的方式表示复杂的内容，创造新词使表达方式简单化。“卖萌”一词本身就是这类词的代表。这类词以形容词为主，兼有大量名词、动词。例如“么么哒”最初表示情侣之间接吻的拟声词，后来被广泛使用，包括关系较好的朋友之间表达暧昧或友好，甚至普遍到可以用以表示感谢。“萌萌哒”形容长得特别可爱的人或事物，是特别萌的可爱的用法。同时也有“今天没吃药，感觉自己萌萌哒”的用法，表示“该吃药了”。除此之外，用“萝莉”表示可爱的小女孩，“呆萌”表示傻乎乎、反应迟钝、思想单纯的萝莉正太，“小鲜肉”表示年轻、帅气的男性……这类词多来源于外来词或是网络自创用语，可以概括一类情景或人物，以丰富人们的语言，填补表达方式的空白，达到用可爱的词汇简单描绘对象，方便交流的目的。

第三类，在已有词汇的基础上不改变或略微改变字词而用比较可爱活泼的方式表达另一种意思的词汇。例如“宝宝”的流行，用“宝宝”称呼自己，具体运用包括“本宝宝”“吓死宝宝了”“宝宝不开心，要抱抱才能起来”等；“汪星人”“喵星人”等是用动物叫声加之俏皮的方式将之假想为外星人，用更可爱的方式称呼狗和猫等动物；“亲”作为淘宝体的代表，表示对买家或其他受众的亲昵称呼……这类词汇相比第一类而言在语法上没有太大的错误，虽然不一定会使沟通更有效率，但是适当的使用也能够被广泛地理解和接受。

第四类，单纯娱乐化的流行语。这类萌系网络流行词语大多以一种句式出现，例如“友谊的小船说翻就翻”“爱情的巨轮说沉就沉”“我和我的小伙伴们都惊呆了”“我读书少，你不要骗我”“皮皮虾我们走”等，运用较为委婉而活泼可爱的方式戏谑地表达了自己的错愕、呆滞抑或轻微的嫌弃、嘲弄等态度。基本由其具体句式的戏谑程度和反映的内容、态度，决定其流行的时间长短，若以形象相符的表情包加以衬托，则会进一步加强其传播力度和流行时间。但总体而言目前这类固定句式的萌系网络语言呈现出一种短时间大规模流行而后迅速冷却，另一句式又随之突然走红的状态。

第五类，拟声词、颜文字和表情包等非单一文字形式的网络语言。拟声词如 Biubiubiu、mua、啾等是通过非汉字形式表达自己的情绪或动作，该类流行词有表达方式更加直观和形象的优点，提高了趣味性。颜文字指多语言符号组成的象形文字，其流行周期比较长，且持续更新，这是一个群体范畴而非某个符号表情持续流行。例如：躺枪_（：з」∠）_；开心 O（∩_∩）O～～；哭/（ToT）/～～；闭嘴（⊙x⊙;）等，且有逐渐复杂化的趋势。而在人人、QQ、微信、微博、贴吧等平台的推动下，近年来表情包以逐渐取代颜文字的趋势茁壮发展，尤其当自定义表情包进入网民视野之后，更是将表情包的使用度提高到史无前例的新高度。虽然表情包不太符合汉字交流的主流，甚至造成了部分人缺失表情包便难以表达和交流的弊端，给网民尤其是青少年儿童语言表达能力的培养造成了一定程度的不利影响。但不可否认表情包等非单一文字形式的网络语言一定程度上增加了表达方式的多样性，丰富了网络语言文化，使交流变得更加生动形象和有趣。

虽然列举式分类可能会有部分遗漏，但就目前现状而言主要形式大致以以上五类状态最为常见。只有对萌系网络语言有整体的把握，才能进一步理解萌系网络语言。

三、萌系网络语言流行的原因探析

伴随着经济、社会的发展，互联网的普及以及萌文化的普遍传播，萌系网络语言从诞生到被主流文化接受经历了并不算漫长的时间。探究其迅速流行的原因，主要包括以下因素：

（1）互联网的生态结构，是萌系网络语言得以发展的基础。根据 CNNIC 发布的第 40 次《中国互联网络发展状况统计报告》[1] 显示，截至 2017 年 6 月，中国网民规模达 7.51

〔1〕“第 40 次中国互联网络发展状况统计报告（全文）”，载 http://www.cac.gov.cn/2017-08/04/c_1121427728.htm.

亿，其年龄阶段以 10～39 岁群体为主，占整体的 72.1%。而由于90后、00后等主要群体更容易看到更多的动漫作品，接触到更加多元化的二次元文化，因而在其用户的属性分布中，"萌"占到了 21.4%，[1] 是萌系网络语言生产和传播的主力军。从学历上看，我国网民以中等学历群体为主，高中、中专、技校及以下学历占 79.4%。该年龄段和学历层次的人群占据网络使用人数的绝大多数，因而萌系网络语言从适用群体数量上便占据了优势地位，具有在网络环境下进入主流文化的可能。

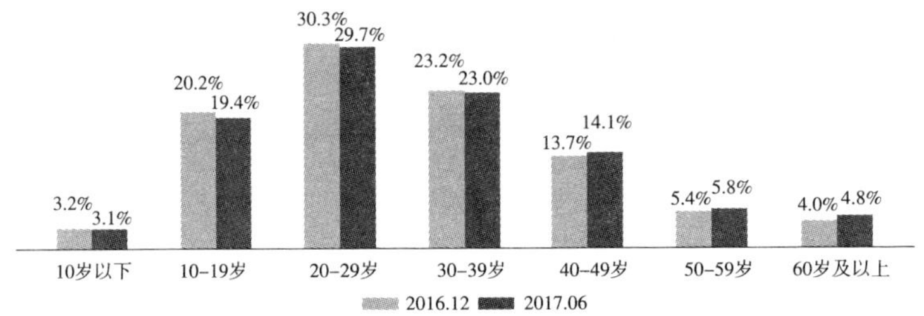

图一　中国网民年龄结构

---

〔1〕"2015 中国二次元用户报告"，载 http：//www.iresearch.com.cn/report/2480.html.

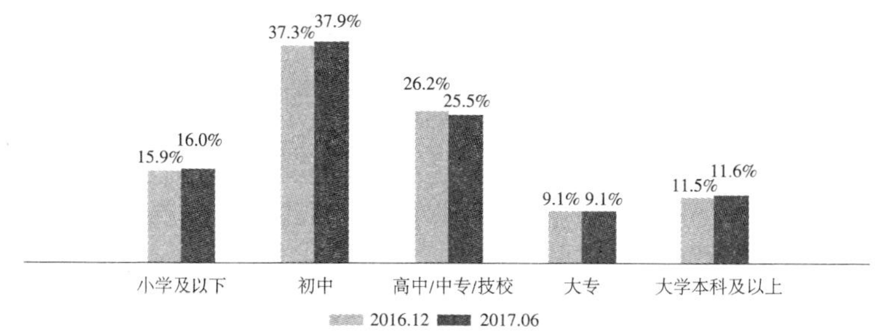

图二　中国网民学历结构

（2）从使用者心理角度，从众模仿心理、追求反差突出个性的心理并存。与其他网络词语流行原因相似，跟风从众是萌系网络流行语在网络传播中的显著特点。“言语模仿是一种常见的修辞现象，当人类个体发觉某人的言语对自己很有吸引力和感染力时，就会接受其影响，从而模仿他人的言语。言语模仿是对现有词、语、句、篇进行模仿而仿造出新的词、语、句、篇的过程。”[1] 网民愿意模仿大众的行为和语言方式，在无主见的情况下更是极容易受到外界的影响，以少数服从多数的模仿方式寻求集体认同感和安全感。而追求新意反差与从众心理不矛盾，该求异心理是因为萌系网络语言与以往的网络流行语——多有关于政治、吐槽、谩骂等有一定的区别，集体创造新颖独特的语言运用方式，是该求异心理的本质，激发了广大青少年的创造性，刺激他们对于语言运

〔1〕 陈力丹:《舆论学——舆论导向研究》，中国广播电视出版社 1999 年版。

用的摸索。同时该求异心理还表现在萌系网络语言的使用者大多属于刻意降低自己的年龄，增大传播者真实年龄和语言年龄的反差，运用反差萌寻求一定的心理刺激。萌系网络词汇使用年龄层已经由儿童向少年、青年甚至中年发展，印证了反差萌符合一定的心理预期，体现了张扬个性的时代精神。同时这种求异淡化了其他边缘文化的反抗性色彩，更容易被主流接受从而流行起来。马中红认为现代网络时代的青年亚文化已经脱去了“正面冲突”和“公然抵抗”的色彩，变得更加“自我宣泄”和“自我满足”了。〔1〕

（3）社会压力增加，通过示弱方式降低摩擦，有利于促进人际关系变友善。得到尊重是马斯洛层次需求理论中较高的需求，萌系网络词汇通过降低自己地位的方式正好凸显了对他人的尊重，维护了他人的自尊心，使其获得满足感，运用得当时可以提高对方的好感度，也更易于表达者实现自己的预期目的。尤其在社会压力增加、生活节奏加快的当下，萌系语言的运用取得了较好的社会效果。商家在吸引顾客或政府发出宣传、告示时，适当运用该类语言有利于消除隔阂以实现目的。如城管贴出类似“亲，路边摊不卫生，吃了会拉肚子哦”的标语，一改强势面孔，缓解了冲突，拉近了距离。实现目的的功能性作用使得上述第二类和第三类词汇相

〔1〕 马中红、陈霖：“无法忽视的另一种力量——新媒介与青年亚文化研究”，载《青年探索》2016 年第 3 期。

对其他“为了萌而萌”的词汇而言流行的时间能够更长久。单纯寻求一种新意，是低龄化或娱乐化萌系词汇容易很快流行并很快消失的原因之一。

（4）萌宣传、萌文化、萌经济等快速发展为萌系网络语言奠定了发展环境。“萌宣传”是指利用萌要素，在政治宣传或商业宣传中将对象萌化，以拉近距离，引起注意，引发好感的宣传方式。最典型的便是塑造领导人的卡通形象。如2010年俄罗斯两位国家领导人以卡通形象迎新年、2013年《领导人是怎样炼成的》视频中出现了我国多位国家领导人的卡通形象、2014年2月媒体首次公布习近平萌漫画形象、2017年两会更是运用习近平的形象做出卡通的宣传视频，引起了广泛传播。甚至新闻报道中也开始越来越多地出现各种萌元素。萌文化对主流文化的影响可见一斑。[1] 除了萌宣传、萌文化逐步进入主流文化外，萌经济的发展带来的影响力也不容小觑。大黄鸭、大嘴猴、小黄人、愤怒的小鸟等萌系公仔及其他周边产品广受欢迎，萌软件、萌游戏、萌视频等如Faceu app、宠物视频等的广泛传播，都使得萌元素逐渐成了商品经济的一部分。

综上，从经济、文化、政治宣传、社会心理以及互联网技术支持等各个角度分析，萌系网络语言的产生具有广泛的

---

〔1〕 文秋萍：“网络时代萌文化传播研究”，重庆工商大学2016年硕士学位论文。

基础和推动力，同时萌系网络语言的流行对于文化、经济、社会等也具有积极的反作用，双方相辅相成。

四、萌系网络语言的影响和应对

萌系网络语言的广泛传播不仅对网络交流造成了一定影响，对于现实生活的影响也客观存在。对此社会评价褒贬不一，需要更加理性地看待。

第一，从优点上看，一是萌系网络语言的运用与发展有利于社会和谐。萌系语言自带的示弱心理凸显了其功能性作用，能够在一定程度上弱化交流双方的冲突和隔阂，拉近人们之间的距离，尤其在陌生人交流环境中以及不同行业甚至双方地位不完全对等的交流情形下，能产生很好的连接和润滑作用，构建和谐的社会关系。二是萌系网络语言使得传播过程达到去政治化、去成熟化、去压力化的作用，减少传播的阻碍，更容易达到交流和信息传播的目的，同时也能使使用者和接受者更加轻松。三是丰富了现有语言的表现力。萌系网络语言能够用更加简便的方式生动传神地表达传统语言难以描述的内容和情感。情绪的表达正是当下网络话语与传统话语的最大不同之一，而萌系网络语言恰好满足了这种表达的需要。四是萌系网络语言的使用能够反向促进萌经济的发展，加速萌文化与主流文化融合的进程。我国正处于经济高速发展和社会转型的重要时期，“萌经济”成为“创意性经济”的一部分，能够开拓创新思维，打开更大的市场，促进经济发展。同时“萌经济”也加快了萌文化的普及，多样的文化能够更好地满足人们多方面、多层次的精神文化需求。百花齐放、百家争鸣的文化盛世也是国家文化繁荣的象征和奋斗方向，因而萌文化作为具有广泛群众基础的新型文化形式也具有存在的价值和必要。萌系网络语言的运用能够使“萌”要素在经济与文化领域更好地被接受，因此具有一定的积极作用。

第二，从弊端上看，萌系网络语言的流行也存在负面影响。一是造成大众语言能力的弱化。王家卫认为这是一种懒音，反映现在国民言语词汇严重匮乏。[1] 大众对于网络萌系语言趋之若鹜，离开了萌系网络语言后便词不达意，难以正常地描述、表达，破坏了传统文字的语言面貌，究其根源在于大众语言能力的弱化。二是可能影响人际交往。虽然“萌文化”给人以可爱、轻松的感觉，但是如果“卖萌”过度，则难免会有“夸张”“做作”“矫情”之嫌，被视为幼稚无知、故意装傻，还会引起他人的反感与厌恶。此外，如果人们过度沉浸在“卖萌”的世界里，必然会影响到人际交往的质量，引发代际隔阂，干扰到精神交往的实质内容。[2] 三是

---

〔1〕 周莹:“浅析‘萌’系网络流行语”，载《才智》2017 年第 14 期。

〔2〕 周敏:“后现代语境下媒介文化的‘萌’化症候研究”，苏州大学 2016 年硕士学位论文。

不利于营造正确的社会心态，引发系列社会问题。萌系网络语言会刺激青少年不想长大，拒绝长大。复旦大学中文系副教授陶寰担忧这样的孩童化心态会导致社会“男性女性化，女性儿童化，儿童宠物化”。[1] 此外，波兹曼在《娱乐至死》中指出“这是一个娱乐至死的年代，一切公众话语日渐以娱乐的方式出现，并成为一种文化精神。我们的政治、宗教、新闻、体育、教育和商业都心甘情愿地成为娱乐的附庸，毫无怨言，甚至无声无息，其结果是我们成了一个娱乐至死的物种”。[2] 而萌系网络语言也被视为娱乐化的产物和推动力，引发了学者们的担忧。日本著名管理学家、经济评论家大前研一在《低智商社会——如何从智商衰退中逃脱出来》一书中也指出，当下的日本人变得安于现状、阿Q精神十足、学习能力低下、懒于思考、视野狭隘、集体智商衰退，已进入“低智商社会”。[3] 萌系网络语言的发展正是以娱乐为主旋律，强调自我精神的满足，而对于现实的问题更多以拒绝思考和消极回避的态度面对，是可能成为导致我国进入“低智商社会”的消极推动力之一。

---

〔1〕 胡静：“网络文化传播视域下的萌文化研究”，北京邮电大学2015年硕士学位论文。

〔2〕［美］尼尔·波兹曼著，章艳译：《娱乐至死》，广西师范大学出版社2004年版，第56页。

〔3〕 李帅：“青年亚文化视角下‘萌文化’研究”，南京师范大学2016年硕士学位论文。

面对萌系网络语言发展的利弊影响，第一，需要的是正确的态度。为了维护传统语言文化，保持普通话的统一，促进其健康发展，对于萌系网络语言的规范是必不可少的。但同时对于其造成的影响也不必过分担忧。就意义而言，孩童化心理反映的是高压社会下的一种自我保护本能，用萌系词汇治愈和放松自己，也是一种合理健康的排遣压力和发泄情绪的方式，和其他娱乐休闲方式性质类似，不必过分紧张。具体到每一类词汇上，我们可以从百度指数的数据上发现（见图三、图四、图五、图六），会影响到青少年规范使用语言的第一类低龄化萌系网络语言随着时间流逝会逐渐退出人们的视野。第四类单纯的娱乐热点词汇的使用更是爆发式增长紧接着断崖式下跌，很难造成真正意义上的威胁。第二类、第三类萌系语言的使用度总体而言相对稳定，形成了相对固定的语言习惯和意义。而此类语言构词方式等相对符合传统构词方式，这些新词或生造词有逐步融入主流语言的可能，因而也不必过度警惕和规制。

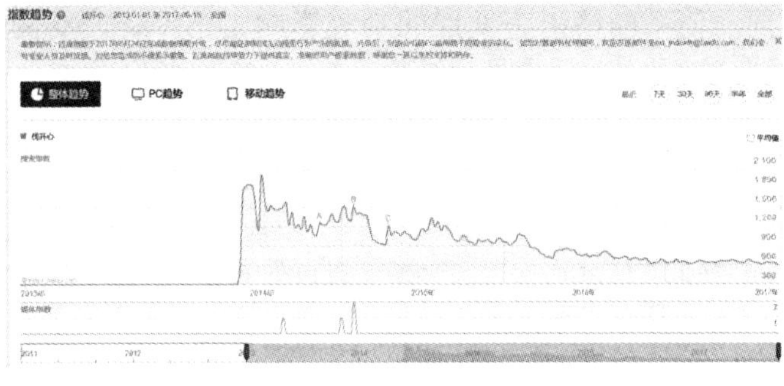

图三

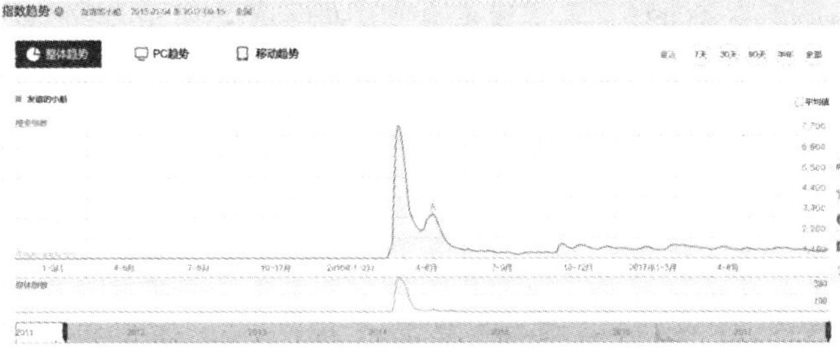

图四

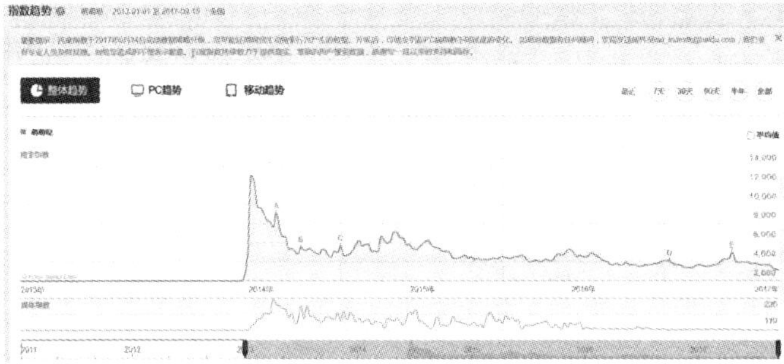

图五

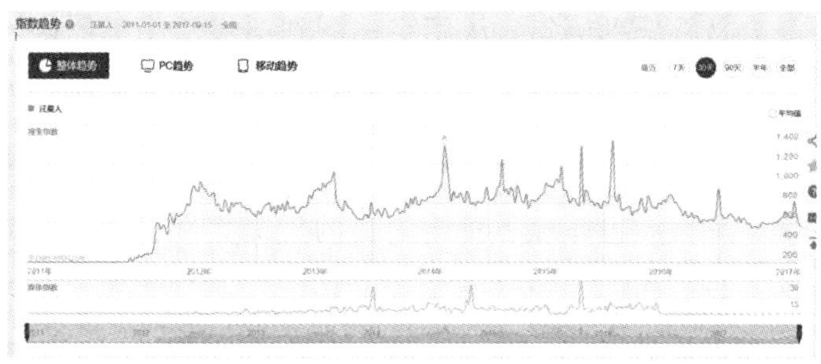

图六

第二，传统的课堂教育是青少年语言培训的主阵地，要加强语文教学，重视语文课程的地位，普及语言文字规范工作的内容和意义。中小学语文教材应适当增加国家的语言文字规范化知识，将现代汉语审音、简化字、异体字、异形词等相关知识普及给中小学生，督促他们从小养成使用规范汉语和汉字的习惯。大学生作为网络语言使用的主力军，其影响力是远远大于其他人群的，因此在大学教育普遍缺乏语文教育的背景下应考虑将大学语文课程设为必修，且在侧重于文学教学的同时增加一定的语言文字规范化知识的教学。[1]

第三，要规范萌系网络语言需要依靠媒体自身的作用。媒体需要在社会语言文字应用环境建设中起到示范和监督作用，不可一味地迎合用户，加剧网络用语的泛滥。尤其新闻

---

〔1〕 张颖炜："公民网络用语亟须强化规范意识"，载《光明日报》2014 年 12 月 30 日。

稿更需要从标题到语句、从用字选词到语法语用都严格达到国家语言文字的规范要求，从而正确地引导文字的规范使用。

语言是活的，是无时无刻不在发展变化的，萌系网络语言的诞生和发展也体现了我国语言的生命力和创造性，更是时代的产物。我们需要站在客观的角度，在打击和规范语言乱用现象、疏导不正确的语言使用心理外，更加包容地看待不同文化的融入。相信随着社会的进步，网民整体素质的提升，网络文化体系的完善，萌系网络语言也会得到更加健康的发展。

从语言学角度探索英语网络语言的构成演化

一、英语网络语言的研究现状

（一）网络语言定义

从实际来看网络语言定义，大致可从广义和狭义两个角度来阐述。广义的网络语言是泛指在网络传播中所应用和接触到的一切语言，可以被总结为三类：一是计算机专业术语，即由处理器、路由器和网卡内存等组成的计算机专业术语，比如软件、硬件、处理器、病毒、网卡、宽带等；二是基于电子商务、网吧以及网络社区等组成的与网络相关的文化用语或特殊用语，比如网民、网吧、黑客、网婚、网购、网恋等；三是网民通过 MSN、BBS 以及 SNS 等平台进行交流的交际用语，简称 CMC（Computer – Mediated Communication），[1] 也称为狭义的网络语言，虽然其并不是网络语言中占比最大的，但却是实际网民群众接触最频繁的网络语言，也是引起社会舆论最多的一类网络语言，比如汉语中的杯具（悲剧）、英语中的 OIC（Oh I See）等。

本文所探讨的主要为狭义的网络语言，即网民在网络上通过屏幕、音频和视频等平台交流中所使用的文字语言。狭义的网络语言，或者说网络交际语言与其他网络语言（网络专业用语、网络特殊用语、网络文化用语）不同，它是网民们的情感和思想表达交流的工具，是一种社会文化现象的反映。

（二）英语网络语言研究

英文中对于网络语言这一定义的具体称呼，目前学界尚无统一的定论。David Crystal 在他的《语言和网络》一书中，第一次提出了网络语言（Net Speak）的概念，在书中，他认为 Net speak、Internet Speak、Electronic Language 以及 Computer – Mediated Communication（CMC）都可以作为网络语言的表达方式。[2] 1975 年，美国斯坦福学院的学者 Raphael Finkel

---

〔1〕言志峰："英汉网络语言及其文化差异"，载《长江大学学报（社科版）》2013 年第 8 期。

〔2〕David Crystal, *Language and the Internet*, Cambridge University Press, p. 18.

就开始了对英语网络语言的研究。[1] 1997 年，美国哈特福德大学世界语言问题研究和资料中心主持召开了一次“网络和语言”研讨会。[2] 2001 年，著名语言学家 David Crystal 在其著作 *Language and the Internet* 中广义定义了网络语言：出现在所有网络环境中的、能体现网络独特面貌的媒介，它具有电子性、全球性、交互性的特征。[3] 由于计算机和互联网技术均起源于以英语为官方语言的美国，因此英语的网络语言是最早出现的，在全球网络语言中占有绝对的主导地位。英语网络语言的演化规律、构成方式不仅是英文系国家社会文化的反映，更是全球网络语言演化的先锋范本，许多国家的网络语言都是以英文网络用语为基础或者大量引入了英文网络用语，因此英语网络语言的研究具有极高的研究价值。

二、英语网络语言的构成与分类

关于网络语言的构成分类，诸多学者表达了不同的分类方式。有美国学者总结，网络语言从语言构造的角度可基本被概括为以下四个形式：Invention 新词发明、Compounds 词

〔1〕 Morphological Typology, *From Word to Paradigm Stump*, Gregory T.（Gregory Thomas）, Cambridge: Cambridge University Press, 2013.

〔2〕 戴雪梅：“英语全球化趋势的背景分析”，载《集团经济研究》2004 年第 12 期。

〔3〕 David Crystal, *Language and the Internet*, Cambridge University Press, p. 18.

语组合、Prefixes 前缀添加、Suffixes 后缀添加，[1] 而随着互联网时代的飞速发展，当前的网络语言已不仅仅局限于以上几类。也有学者在前人研究的基础上更详细地将网络语言分为新造型网络词汇、缩略型网络词汇、谐音型网络词汇、杂糅型网络语言、符号型网络语言，但是这样的分类从语言学角度不够严谨，较草率。[2]

笔者观察到，网络语言与普通的语言一样具有语音、词汇、语法这三个基本要素，网络语言并不是完全独立创造的一门语言，其更多的是在原有的语言（本文中为英语）基础之上进一步演化构成所得，因此在对网络语言进行分类的同时就是对其演化规律的整理和分类。而从语言的基本三要素（语音、词汇、语法）出发，[3] 可以更清晰地看到英语网络语言的语言学演化规律，并同时对其类型做更细致的梳理。

（一）语音

网络语言中有许多“音同而字不同”的词汇，其为了更为简便地表达意思而将发音类似或相同的数字、字母甚至其他单词用更简洁的形式表达，总的来说可分为谐音和拟声词两类。

---

〔1〕 傅星月：“网络语言之字新闻的构造研究”，载《长江丛刊》2016 年第 31 期。

〔2〕 廖智军：“英汉网络语言的对比研究”，载《海外英语》2011 年第 15 期。

〔3〕 王倩：“论语言中量的整合”，载《社会科学战线》2013 年第 11 期。

1. 谐音类

谐音是利用视觉和声音上的错觉人为地赋予语音另外一个意义。[1] 它能使网络交际中的语言新颖、诙谐。多数使用英语语言的网民在聊天的时候，会选择使用谐音类网络用语。谐音类的网络词汇或句子多是通过26个英文字母以及阿拉伯数字的发音来进行同音替换，其不仅可以缩短击键的时间，还可以言简意赅地表示其原有意思，并增加趣味性和新鲜感。字母类的谐音比如CU = see you，How r u = How are you，Y = why，T = tea，O I C = oh，I see，thx = thanks，每个单独字母的发音组合起来就成了平日里人们经常使用的语言词汇；数字类的谐音表达更为丰富，比如2的英文发音是two，那么F2F就是face two（to）face（面对面）的意思；1的发音是one，1dr所代表的意思就是wonder；诸如此类的还有：4（four）：B4 = before，8（eight）：gr8t = great，所有的谐音类的特点是改变后的词汇句子与日常表达的词汇句子发音完全相同，但是借用了字母和数字发音使得词语和句子长度缩短，内容精练。

2. 拟声类

在网络语言的交流中人们往往会通过文字符号来传递情绪，因此一些模拟人类日常情绪的词语在互联网交流中被重

〔1〕 崔容：“网络用语‘谐音’现象探析”，载《语文建设》2012年第16期。

新构建，成了拟声类的网络语言。这一类的网络语言种类丰富，可以表达出人类的大笑、偷笑、惊讶、困乏等各种情绪。比如“buzz -”一词在网络中就被认为是犯困的表现；chuckle 是偷笑的样子。

（二）词汇

网络语言中词汇的演变十分丰富，有复合构词、缩短构词、旧词新意、借用杂糅以及创造新词等数种情况。

1. 复合构词(混合，两个词放在一起形成一个新的词汇)

即将两个或多个单词相组合，形成一个新的具有复合含义的单词。这样的新单词由于是人们熟悉的两个旧单词的合体，因此不会给人造成强烈的陌生感，更容易被大众接受和推广。由于此类用语和日常用语的相似性，常被用作网络用语的演变构词方式，以增加网络用语的丰富性和创造力。比如 geekseek、online、offline 等词都是非常常见容易接受的复合构成后的网络用语。

2. 缩短构词(省略、首字母缩写、混合省略)

英文中的许多词汇以及句子比较冗长繁杂，交流使用起来并不方便，因此许多简写、缩短形式的出现代替了原有的长单词和长句子，有效地提高了聊天交流的速度。

缩短构词可以通过省略、缩写以及混合缩短的不同方式进行。

省略（clipping）意味着将单词的一个或多个音节删去，

但仍然能被人们接受和理解，通常使用在名词中。快节奏的生活需要更加快速的信息传递，省略的构词方式恰好满足了人们当下的这种心理。省略可以省前，比如 Website（网站）省略成 site，Internet（网络）省略为更加简便易懂的 net；也可以省后，比如 com 就是 communication（交流传播）的省略形式，cele 是 celebrity（名人）的省略形式。

缩写就是将组合成英文单词的各个英文字母选取出来组合到一起并将其全部大写。比如，MOOC 就是 massive open online course（大型开放式网络课程）的缩写形式，BYOD 就是 bring your own device（携带自己的设备办公）的简写。除了上述首字母大写的缩写形式，还存在其他的缩写方式，比如 Ctrl 就是 control 缩写而来，pgdn 的意思是 page down（下一页），pls 是 please（请），ppl 有 people（人）的意思；等等。

混合缩短集合了缩短和复合构词两种方式，比如说，ecolonomics“生态经济学”这个词就是结合了 ecology“生态”的前半部分和 economics“经济学”的后半部分，并将缩短后的两个单词合并为了一个新的复合单词，而 phablet“平板手机”一词也是结合了 phone 手机以及 tablet 平板两个单词缩短复合构成的。

缩短构词的三种形态暗示了网络语言的典型特征和趋势，就是简化语言。这反映出了打完整的字相对于口语而言时间过长的问题，为了节省时间，缩略性语言将被接受和容忍并继续存在很长时间。

3. 旧词新意

网络新生词汇产生和发展的同时，许多旧有的传统词汇的词义也在悄悄改变。人们通过网络进行交流和沟通时，许多日常生活用语被赋予了新的含义。比如“surf”原本是冲浪之意，但由于冲浪时身心愉悦眼界开阔的心理感受同上网的感受神似，因此在互联网中“surf”一词被赋予了上网浏览的另一层含义；除此之外还有一个典型的旧词新意的网络用语“bug”，此词在英文中原有的意思是臭虫，现在的新含义是“跟电脑相关的故障和问题”。这是由于当第一代计算机发明之后，一只臭虫钻进了计算机的一根真空管中导致其无法工作，后来阻碍电脑正常工作的问题都被称为bug；hom-page（主页）、banner（横条广告）、attachment（附件）等诸如此类的词语还有很多。

旧词新意的情况多产生于网民的网络交流中，互联网是与现实世界平行的虚拟世界，许多词汇可以通过借义的方式将现实世界的类似的传统词汇类比借用到互联网中。这类词汇是网络语言中最具创意且最传神的，流传十分广泛普遍。

4. 借用杂糅

互联网的发明、飞速发展与普及，让全世界连通到一起，成为一个“地球村”，让不同民族不同语言之间相互交融、相互影响。因此网络语言之间的词汇借用现象也十分普遍地存在着，从其他语言和文化中直接或间接地引入到英语网络语言。互联网最初产生于英语系国家，特别是美国，因此在英语网络语言中，借用他国语言的情况相对较少，我国网络用语的此类情况相对普遍，即较多地引用英文的语言来丰富我国的网络交际用语。即便如此，仍然有一些国家的语言被引入了英文的网络用语中，比如，trucknaut 是来自西班牙语的外来词汇；taikonaut（太空人）是借用了中国普通话中的“太空”二字的发音而造的，并且专门指去到太空的中国宇航员。

5. 创造新词

创造一个新词的方法主要分两种：一种是依据原有的词汇通过衍生的方式构造，另一种是完全创造一个不存在的词语以及不存在的意义。

衍生构词包括对词语前缀和后缀的添加，很多词语是在有了互联网之后才逐渐存在某些后缀和前缀的形态的，但这一部分相对来说比较少。比如添加后缀的 windowful（满窗的），screenful（满屏的）；添加前缀的 reformat（重转格式）。

完全创新的构词，这一类构词通常用于之前完全没有存在的崭新的事物，传统的词汇没有与之相似的可类比的词汇，也正是因此新造词需要人们用一定的时间去了解、记忆和使用。比如“@”这个字符，就是计算机工程师 Ray Tomlinson 在 1971 年为了使用 email 而第一次使用到了互联网中的。

6. 符号型词语

除了以上五种网络语言构词类型，在网络世界中，字符型网络语言也占有重要的一席。用符号来表达人们的感情也是网络语言的一个鲜明特点。符号在互联网出现之前已经存在了相当长的时间，但是互联网的出现给了符号一个极致表现的机会，让他们在快节奏的计算机时代发挥了更多的用处，即表达情感和情绪。符号型语言词汇的出现，给了人们一个结合书面语言和面对面语言的完美媒介，他们以文本的形式表达却可以以超于文本的形式被感知，让人们不仅可以读懂说话者的意思还可以理解说话者的情绪态度。互联网中的符号型语言第一次出现是在20世纪80年代早期，教授因为在与学生的网络讨论中常常感到存在误解，并且无法传递幽默情绪，因此决定用键盘符号来解决这个问题。并提议用：-）来表示玩笑以及：-（来表示严肃的话题。此类经典的符号型网络语言如！代表评论；［ ］代表安静；：-Q代表交谈时吸烟……但是随着互联网快速的发展更迭，这些经典的符号型表情也逐渐被忽视和淘汰，目前比较受欢迎的符号型语言多来自日本。日本动漫中出现频率较高的字符表情，由于十分可爱且形象，被越来越多的人使用，比如“O.O”表示“惊讶”的表情，“TT”表示“流泪”的表情等。虽然更新速度快，但符号型语言的优点在于无论怎样更新，都能很容易被全世界网民所接受。

（三）语法

为了适应快节奏的互联网交流方式，许多网民没有遵守传统的语法规则，选择牺牲一定的句子完整性或者改变词语的词性来加快打字的速度，并更清晰、准确、恰当地表达自己的内容。

1. 拆分简化句子结构

一般来讲在英语网络语言中网民们都会较为简洁地表述自己的句子，而因此省略一些句子成分，比如省略谓语：I fine 就是 I'm fine 的简化，You feeling better now？就是 Are you feeling better now？缩略了谓语词“are”之后的结果；打乱句子顺序，比如 Msg me，Who？意思是 Who wanna message me？完全打乱了句子的前后顺序。即便如此拆分简化句子结构，基于语言的通感，拥有一定英语基础的网络用户还是可以分辨出其想表达的大致意思，只是这样问题在于句子过于简化且语法混乱，容易让一些仍在学习语言的人产生混淆。相对于中国网络语言中中英文混杂的句子形式，英文的网络语言多只是将一些成分省略，并转换句子结构。

2. 改变词语的词性

因为互联网的飞速发展，一些词语其本来的意思仍然被广泛认可，但是在此基础上又引申出了其他词性的含义。比如“email”这个词，原本只是“电子邮件”的名词含义，但是在电子邮件普及并被人们广泛使用之后，“email”这个词逐渐也可作为“发邮件”的动词含义所使用，当一个人说“You can email me ”就意味着其将“email”这个名词作为了动词使用；除此之外，“google”也是一个典型例子，一开始“google”一词只是一个搜索引擎公司的名称，但是随着google搜索的不断普及，人们对其的认知度上升，“google”的动词形式也逐渐被使用，“Pls google the key words on net”（请上网搜索一下关键词）这句话中google就是名词作动词词性使用。

（四）小结

通过以上对于英文网络语言构成的分类与列举，笔者小结：语言，作为一种特别的社会现象，其不仅仅是人与人之间沟通的媒介，更是信息传递的媒介和文化传承的载体。作为社会产物的语言，它的变化和演进是伴随着社会文化的加速改变与发展的。因互联网的出现而诞生的网络语言，虽然不隶属于任何国家，但仍是全世界范围内的一种新的语言形态，是伴随着社会文化的不断前进发展而出现的，是对社会的反映。

语言学家索绪尔在他的《普通学语言教程》中提到，语言主要是通过语音变化、语音交替、类比事实、流俗词源和粘合的方式不断演化的。而英语网络语言作为全球网络语言的探路者，其构成类型基本遵循了索绪尔所提出的演化规则。语音的变化和交替在网络语言中是非常普遍的现象；而流俗词源[1]，其定义与当前网络语言中的旧词新意的构成方式基本相同，都是用人们日常生活中常用的词汇（surf 冲浪）来解释人们暂时不太熟悉的词语（上网）。除此之外，新单位生成中，类比[2]和粘合[3]类似于网络语言中复合构词和缩短构词的类型，即将两个或多个单位的词语合并到一起或者融合到一起成为新的单位。

信息时代的海量信息给予人们更加自由随意的创造能力，在这样的大环境下，一些词的演变和转意是必然的，语言是一个动态的系统，在历史的长河中总是无时无刻不在演化和改变的。[4] 由此可见，网络语言虽属于新时代的特殊语言形态，其大抵与千百万年来无数人类语言的演变规律相同。

三、英语网络语言之构成原因

语言是社会的一面镜子，可以敏感而即时地反映出人们

---

〔1〕 流俗词源指歪曲形式和意义不大熟悉的词，而这种歪曲有时又得到惯用法的承认，一般都是把难以索解的词同某种熟悉的东西加以联系，借以做出近似解释的尝试。[瑞士] 费尔迪南·德·索绪尔著，高名凯译:《普通语言学教程》，商务印书馆 2009 年版。

〔2〕 类比形式就是以一个或几个其他形式为模型，按照一定规则构成的形式。[瑞士] 费尔迪南·德·索绪尔著，高名凯译:《普通语言学教程》，商务印书馆 2009 年版。

〔3〕 粘合是指两个或者几个原来分开的但常在句子内部的句段里相遇的要素互相融合成为一个绝对的或者难与分析的单位的过程。[瑞士] 索绪尔、费尔迪南著，高名凯译，《普通语言学教程》，商务印书馆 2009 年版。

〔4〕 唐玲:“信息化社会下英语网络语言”，载《宁夏社会科学》2009 年第 6 期。

社交生活和社交思维的改变。这就意味着，语言的研究决不能忽视社会情况和文化背景。因此说到网络语言这一独特的语言现象的时候，就不能不分析其背后构成的社交社会背景和网民的社交心理。

（一）客观原因：社会背景

随着全球化以及信息技术的不断发展，英语早已成为一门全球化的语言应用在全世界各个领域中。而英语网络语言在全球各国的网络语言中更是占据绝对主导地位，其他国家的网络语言有许多都是根据英语的类比和改造而来的。而其原因就在于，最早计算机的开发是采用了英语的语言，以及英文 26 个字母的键盘配置，计算机和互联网在美国的发明和普及是最早也是最彻底的，而其他国家的语言在计算机中则需要通过这 26 个英文字母的转换最终输出自己国家的语言，相对英语来讲操作更加复杂。

除此之外，英语系国家文化产业和信息产业的高速发展也在不断促进着网络语言的产生和丰富。英语系国家的文化娱乐产业十分发达，电影、电视、杂志以及各种媒体层出不穷，其为网络语言的生成和传播提供了一个广阔的平台；同时信息产业促进了互联网的不断迭代和升级，从一开始的论坛 BBS 到 SNS 社交平台（twitter、Facebook 等），给人们提供了越来越丰富的网络交流方式，从而进一步促进了网民们对于网络语言的更新和创造。

（二）主观原因：网民心理

网络语言在一定程度上是文字形式的“口头表达”，虽然以文字的形式出现在电脑荧幕上，但是人们更加渴望的是达到口头表达的简便性和生动性。

伴随着快节奏的现代社会生活，简洁的表达是各国网络语言的共同特点。人们为了节省时间并提高打字速度，许多缩短了的简短表达出现在网络平台中。同样的一句话，口语表达速度更快、时间更短，但是打字却要耗费较长的时间，无法满足人们追求高效交流的心理，因此词语的缩写、数字字母谐音的运用以及句子的拆分和简化，让网络语言作为书面上的“口头语”更加简短，信息量承载更大的同时传递速度也得到了保证。

除此之外，由于网络是一个虚拟世界，人们在网络中可以忽视自己的社会地位，摆脱现实社会角色的规则束缚，从而获得一种更加自由轻松的交流方式。在这样的心理之下，人们往往乐于通过更加幽默和生动的语言来表达个人观点和内部情感。比如“2B or not 2B，that is a question”这句话就很有趣生动地改写了名言。

四、英语网络语言之总结

网络时代到来对社会文化变迁影响颇大，而语言的变化和发展也紧紧依靠着社会变迁。

经上文对于英语网络语言的演变规律和特征类型的阐述，英语网络语言的特点主要是简洁性、非正式性、趣味性、创新性和时效性。英语网络语言作为全球各国网络语言的先锋范本，其由于和计算机技术的紧密连接，存在的历史最长，迭代演化最久，因此许多我们现在看来已经习以为常的词汇，如“surf”“net”“site”等词，实际就是最初的网络语言形态。由此可见，从最初基本的网络语言到现在丰富多变的各种词汇，缺少时效的词汇会被慢慢淘汰，只有创新有趣且简洁易实用的语言才更容易被人们所接受，并在与社会约定俗成之后渗透到人们的日常生活用语中。英语网络语言的这些发展历程正是其他国家网络语言当前正在经历的过程，因此研究英语网络语言的构成和演化可以更好地判断全球网络语言的趋势和走向，帮助更好地引导规范网络语言，使其健康有序的发展。

浅析网络语言中外来语的转化和使用规律

——以2011~2015年《中国语言生活报告》为例

根据中国互联网网络信息中心（CNNIC）于2016年1月22日发布的《第37次中国互联网网络发展状况统计报告》显示，截至2015年12月，中国网民规模达6.88亿，全年共计新增网民3951万人。互联网普及率为50.3%，较2014年底提升了2.4个百分点。互联网的进一步普及深刻改变了人们的交流方式，网络语言不仅使人们的线上交流不断便捷，也一步步深入现实生活。网络外来语是网络语言的重要组成部分，也是国内外文化交流的重要组成部分。本文主要分析网络外来语这一现象，对其进行分类，并分析其转化和使用的规律。

一、网络语言、外来语和网络外来语的界定

在对网络外来语进行分析之前，首先要对网络语言和外来语的概念进行界定。

国内对网络语言的定义可分为广义网络语言与狭义网络语言。劲松、麒珂认为：“狭义的网络语言指自称网民、特称网虫的语言，广义的网络语言是网络时代出现的与网络和电子技术有关的‘另类语言’。”〔1〕 于根元指出：“网络语言是指人们在网络交流中所使用的语言形式，大体可以分为与网络有关的专业术语、与网络有关的特别用语、网民在聊天室和论坛上的常用词语三类。”〔2〕 刘海燕认为：“网络语言可以说就是出现在网络上的、网络上常用的以及跟网络有关的语

〔1〕 劲松、麒珂：“网络语言是什么语言”，载《语文建设》2000年第11期。

〔2〕 于根元主编：《中国网络语言词典》，中国经济出版社2001年版。

言，包括技术专用语、网络文化词语、聊天室用语类。”[1]

总的来说，狭义的网络语言指人们在网络上交流时使用的语言，广义的网络语言还包括跟网络有关的语言，如网络专业术语等。本文所研究的网络语言主要是指人们在网络上交流时使用的语言。

与对网络语言的界定不同，目前学界对外来语的界定存在分歧，发生分歧的焦点在于外来语是指把外语词中的音义全部搬入还是指搬入外语词的音、形、义任何一个因素；从外延看，即是意译词与日源词能否归类于外来语。[2] 由此分歧，外来语也出现了广义和狭义两类定义。

广义的外来词定义中，吴世雄提出，只要一个汉语词语的音、形、义中有一个是从其他民族的语言中借用来的，那么这个词语就可被看作是“外来词”。[3] 张静的定义较严谨：外来词是在本族语言的语音、语义系统的制约下，从外族语言吸收来的词。[4]

而狭义的定义由于角度、标准不统一，还没有形成定论，学者们的共同点集中在对音译词的外来资格的认可上，对于

---

〔1〕 刘海燕编著：《网络语言》，中国广播电视出版社 2002 年版。

〔2〕 李燕云：“2006 至 2011 年网络外来语研究”，河南大学 2014 年硕士学位论文。

〔3〕 灵世雄：“关于‘外来概念词’研究的思考”，载《词库建设通讯（香港）》1995 年第 7 期。

〔4〕 张静主编：《新编现代汉语》，上海教育出版社 1984 年版。

其他类词汇则持不同看法。叶蜚声、徐通锵认为狭义的外来词是“音与义都借自外语的词”。高名凯、刘正瑛提到：“有非本语言所有的意义的词连音带义的搬到本语言里，这才是外来词。”史有为指出：“外来词是指在词义源自外族语中某词的前提下，语音形式上全部或部分借自相对应的该外族语词，并在不同程度上汉化了的汉语词。”〔1〕

本文本着广泛收录的原则，采用广义的定义，认同吴世雄先生的观点。

综上，本文网络外来语是指人们在网络上交流时使用的音、形、义中有一个是从其他民族的语言中借用来的语言。

二、网络外来语的分类

外来词可以从不同的角度进行分类。如可以从词源角度进行分类，可以从译借方式进行分类，从语义上分类，从时代分类等。〔2〕本文对网络外来语的分类参照对外来语的译借方式进行分类分析，所分析的网络外来语从 2011 ~ 2015 年《中国语言生活报告》中的年度新词语表中抽取。

（一）音译外来语

所谓音译外来语，就是直接按照外来词的发音对照翻译

〔1〕 史有为：《汉语外来词》，商务印书馆 2000 年版。

〔2〕 李燕云：“2006 至 2011 年网络外来语研究”，河南大学 2014 年硕士学位论文。

过来的词语，可以细分为以下两种情况。

1. 原形音译词语

原形词语音译就是借助声音替代的方式把原形词从其他语言借入汉语。

狗带：“go die”的同音，出自一位艺人在演唱会上所说的英文 RAP，全文为“我不会就这样轻易地 go die”，意为“去死”。

秀：是英文单词“show”的音译，为“展示，炫耀”之意。

笨 nana：一种外形酷似香蕉、可以剥皮吃的雪糕。由英文 Banana 音译而来。由雀巢公司推出。

辛奇：韩国农林水产部宣布的韩国泡菜的中文名称。韩国语“kimchi”的音译。

雷金：英文 Regin 的音译。一款计算机恶意软件，它可以对政府、商业机构、研究人员、基础设施运营商等多种目标群体实施秘密网络监控。

玛丽苏：源自国外的同人小说圈，英文 Mary Sue 的音译，意思为虚构的完美女性人物。

2. 字母缩略词音译

由于许多外来语的长度较长，从语言表达的经济性出发，很多外来语音译时采用直接音译其字母缩略词的方式。

慕课：大规模在线开放式网络课程。英文 MOOC 的音译，其中 M 即 massive（大规模），O 即 open（开放）和 online（在线），C 即 course（课程）。也写作“幕课”。

（二）意译外来语

意译词是运用本族语言的构词材料和规则构成的、把外语中的某个意义移植进来的词。[1]

1. 日语原形词直译

这些词和概念都来自于日语，因社会文化和经济交流越来越频繁，这些日语由日本进入汉语系统。

吐槽：是指日本漫才（类似于中国的相声）里的“突っ込み”，普通话里相当于相声的“捧哏”。闽南语中有“吐槽”一词，所以台湾地区的翻译都翻成“吐槽”，然后大陆也开始用了。原指不给人家面子，当面揭穿数落，现多指在网络上宣泄心中的不满和牢骚。

逆袭：出自日语“ぎゃくしゅう”，反击、还击，在动漫中常指某一反常态的攻击行为，后泛指逆境中反击成功。

弹幕：出自日语“だんまく”，原是军事用语，指密集子弹形成的火力网。现多指动态显现在视频屏幕上的实时评论，也指这种视频观看模式。弹幕起源于日本，原本是视频网站一种用于互动的字幕技术，方便大家边看边吐槽，用户的发言打成字幕飞在视频上，看上去就像射击游戏里飞来飞

---

〔1〕 叶蜚声、徐通锵：《语言学纲要》，北京大学出版社 1997 年版，第 198 页。

去的子弹。

萌：原意为“植物发芽”“事物的发生”，一般用于对于动画、漫画、游戏中的角色、情节等要素的强烈爱好。“萌え”一字是由“燃え”变化而来，来源是日文的 IME 输入法。“萌”本意是指读者在看到美少女角色时，产生一种热血沸腾的精神状态。热血类作品经常使用“燃烧”来形容这状态，用罗马拼音输入的话，就是“Mo E（も え）”。利用日文输入法的话，输入 Mo E 只会显示“燃え”和“萌え”。为了区分因为美少女而热血的状态，和传统的热血的分别，就借用同音的“萌え”来形容，并成为 ACG 界的一种网络黑语。随着日本 ACG 文化在国内流行，“萌”成为常见的网络语言。

壁咚：日语为“壁ドン”，是一种告白方式。男性将女性逼到墙边，单手拍在墙壁上发出“咚”的一声，使对方无法逃脱，再进行告白。源自日本动漫和影视剧。

小确幸：指细微而真切的幸福。源自日本作家村上春树的随笔。由翻译家林少华直译而进入现代汉语。

2. 英语首字母组合词意译

英语首字母组合词意译是指将英语首字母组合成词后根据词义进行意译。

金币四国：指墨西哥（Mexico）、印度尼西亚（Indonesia）、尼日利亚（Nigeria）和土耳其（Turkey）四国构成的经济体。由“金砖四国”概念的提出者吉姆·奥尼尔提出。因这四国的英文名称的开头字母可以组合成英文单词 MINT（金币），故称“金币四国”。

（三）半音译半意译型外来语

半音译半意译型外来语即把一个外来词语分成了两个部分，一部分采用音译（设定为 A），一部分采用意译（设定为 B）。两部分位置不固定，既可以是 AB 式，也可以是 BA 式。

1. AB 式

比特币：一种在网络中可以购买虚拟物品的虚拟货币。如果有人接受，也可购买现实生活中的物品或兑换实体物品。

阿尔法男：“阿尔法（α）”是希腊字母的第一个字母，有“第一、最好”的意思，alpha male 则指的是社会性动物中占据最高地位的领头雄性，沿用至人类社会里，则指那些具有领袖气质的，易成为某领域和场合主导的男性。

糖爹：帮助年轻女性解决经济困难，并与之维持性关系的年长男性。译自英语 sugar daddy。

糖妞：与富有年长男性维持性关系以解决经济困难的年轻女性，多为女大学生。译自英语 sugar baby。也称“糖宝”。

推特控：痴迷于美国推特网站的人。推特，全球最大的微博网站，英文 twitter 的音译。控，对某人或事物痴迷的人。

痛列车：称外表布满动漫人物彩绘的列车。因英语“彩绘（paint）”的发音类似“痛（pain）”，故称。源自日本。

2. BA 式

绿V客：积极倡导节约环保并付诸行动的人。“绿V客”是“green week”的意译加音译。

（四）字母外来语

“时下，有越来越多的字母词进入汉语，字母词已经成为汉语外来词的一种重要形式。”[1] 刘泉涌指出：“字母词是指汉语中带外文字母（主要是拉丁字母）或完全用外文字母表达的词，前者如B超、卡拉OK；后者如CD、UFO等。”[2] 主要有以下两种形式。

1. 英语字母外来语

（1）外来的英语首字母缩略语。就结构形式来看，主要有纯字母词，即原汁原味地引进外语中的首字母缩略词，读音和意义均保持原样。

IP：英文Intellectual Property的缩写，原指知识产权，现也指适合再次或多次改编开发的原创文学艺术作品。

OTT：英文over the top的缩写，互联网企业越过网络运营商的管理，利用运营商的宽带网络以实现自己的视频及数据服务业务。

OTA：英文online travel agent的缩写，在线旅游代理商，

---

〔1〕 刁晏斌：“外来字母能不能成为汉字”，载《汉语言文字研究》2011年第2期。

〔2〕 刘涌泉：“谈谈字母词”，载《语文建设》1994年第10期。

通过互联网为消费者提供酒店、机票等预订服务。

CDI：英文 comprehensive development index 的缩写，综合发展指数。从经济发展、民生改善、社会发展、生态建设和科技创新五个维度测量一个地区发展水平的综合性指数。

PM2.5：PM，英文 particulate matter 的缩写，在空中飘浮的直径小于或等于 2.5 微米的细微颗粒物，被人体吸入后能直接进入肺泡和血液，危害健康，颗粒物直径越小，对健康危害越大。

4G：英文 the 4th generation mobile communication 的缩写，指的是第四代移动通信技术。

（2）国人首创的英语首字母缩略语。

BMW 族：借助公交车、地铁、步行上下班的人。“BMW”为 bus（公交车）、metro（地铁）、walk（步行）的首字母缩写。

N 婚：指多次结婚的现象。“N”表示多（次）。

V 博：微博。一般经过实名认证的有一定知名度的名人、企业、机构等，在其微博用户名后会加上字母“V”。也写作“v 博”。

T2O：英文 Television to Online 的缩写与谐音转写，一种即播即买、价值即时转换的电视与电商互动模式。

F2O：英文 Focus to Online 的缩写与谐音转写，通过热点事件在电视媒体上的传播，带动电商售卖相应产品的电子商务模式。也称“傍焦营销”。

2. 汉外混合词语

外来语字母词中有很多拉丁字母和汉语词汇的混合组词，我们可以简略分为下列四种情况。

（1）汉语拼音字母和汉字组合词语。

3D 空调：指“低碳、低能耗、低价格”的空调。D 为三个“低”字的拼音首字母。

（2）首字母或关键字母缩略和汉字组合语。

APEC 蓝：指 2014 年亚太经济合作组织会议（APEC）期间政府采用一系列强硬措施使北京重现蓝天。APEC，英文 Asia - Pacific Economic Cooperation 的缩写。

VDT 症候群：因长时间面对电子显示设备，导致眼睛和身体产生的各种不适症状。VDT 是英文 visual display terminals 的缩写，指个人电脑、手机、游戏机等电子设备的视频显示终端。

公益 ATM：社区居民可以互相帮助交换物资的互动公益平台。因像 ATM 机一样存取方便，故称。ATM 是英文 Automatic Teller Machine 的缩写，意为“自动柜员机”。

全民 PE：对当前很多人涌向私募股权投资行业的戏称（PE，英文 Private Equity 的缩写）。

H 族：拥有自然、时尚、健康、优雅的生活方式的人，多为高知、高收入、高品位的精英。H 是英文 High（高）、

Healthy（健康）、Honest（忠诚）、Harmony（和谐）、Honey（甜蜜）、Hope（希望）、Handsome（英俊）等的缩写。

NINI 族：既不学习，也不工作，依靠父母供养或者社会救济生活的年轻人。也称“隐蔽青年”或者“茧居族”。NI-NI，西班牙文 Ni trabajan，ni estudian 的缩写。

药 Q：正确使用药物的能力。Q 是英文 quotient 的缩写。

2H 准则：比赛时应采取的准则，即摆正心态并保持对胜利的渴望。2H，是英文 Humble（谦虚）和 Hungry（渴望）的首字母合写。

（3）英语单词和汉字组合语。

航母 Style：航母舰载机起飞指令手势。侧屈腿，左手背后，右手伸出食指和中指，指向飞行甲板前端。仿“江南 Style”造词。也称“起飞 Style”“走你 Style”。

hold 住：控制住；把握住；从容应对（困境）。英文单词“hold”表示保持、控制。也写作“Hold 住”“HOLD 住”“齁住”。

iPad 手：因长时间使用 iPad 导致的手指或手臂不适的症状。

wifi 族：随时随地都使用无线信号上网的人。也写作“Wi－Fi 族”。wifi，英文 wireless fidelity 的缩写。

（4）阿拉伯数字、拉丁字母和汉字组合词语。

H7N9 禽流感：一种新型的禽流感。即由 H7N9 亚型禽流感病毒引起的急性呼吸道传染病。2013 年 3 月底在上海和安徽两地率先发现。H 指血细胞凝集素，英文 hemagglutinin 的缩写；N 指神经氨酸酶，英文 neuraminidase 的缩写。

4D 报纸：在三维立体画面的基础上又能带给读者动感、嗅觉、听觉等人体感受的报纸。D 是英文 dimension 的首字母。

4K 电视：采用 4K 分辨率的电视机。4K 分辨率即 4096 × 2160 的像素分辨率，属超高清分辨率。也称“4K 数字电视”。K 是英文 kilo 的缩写。

（五）形译词

通过搬用文字书写形式借入的外来词。为了形成与“音译”“意译”相对称的术语形式，我们可以把这种借词形式称为“形译”。[1]

1. 日源形译词

所谓“日源形译词”，指的就是连形带义从日语中引进的汉字词，例如革命、文明、宪法等这些词都是过去日源形译词的代表。

断舍离：来自日本的“汉字词”。日本家政咨询师山下英子著有《断舍离》一书，倡导通过“做减法”，收拾好自己居住的房屋，让自己生活在宽敞舒适自由的空间，从而寻

〔1〕 杨锡彭：《汉语外来词研究》，上海人民出版社 2007 年版，第 144 页。

求压力的缓解和心灵的释放。随着图书的畅销，“断舍离”成为时尚新词，意思是“断绝不需要的东西，舍弃多余的废物，脱离对物品的迷恋”。

痛包：指挂满动漫人物徽章和玩偶的包，源自日本。因为这样的包会让人感觉“奇怪和夸张（注：日语的‘痛’有此含义）”，所以被称为“痛包（itabag）”。

2. 英语原形词

英语原形词指的是在汉语中直接使用的英语词。原来的英语外来词大多是借音或借意或音意兼译，现在随着网络语言的发展和外语的普及，一些英语外来词则直接全部借入，包括字形。

@：微博、人人网等社交平台中联系或关注某人时使用的符号。口语中读 àite。也写作“艾特”。

3. 借形词

搬用文字书写形式，赋予原形词新的含义的词语。

円族：喜欢宅在家里进行网上购物的人。“円”是日文中日元的货币单位，因字形酷似鼠标，故借其形表示点击鼠标购物。也称“円人”。

三、网络外来语的转化和使用规律

（一）网络外来语多来自日语、英语

从上文的分类举例可以看出，目前国内的网络外来语多

来自于英语和日语，其中有少量的韩语和西班牙语。最主要的原因是随着互联网的发展和各国经济文化的频繁交流，各种语言也在加快交流和融合。而目前国内网络外来语中多为英语和日语的原因是多方面的，下面笔者将分别进行说明。

英语在我国网络外来语中所占的比重较大，上文列举的很多例子都可证明。首先，这跟英语语言本身有关，英语是世界上最多国家使用的官方语言，也是世界上最广泛的第二语言，还是欧盟等大多国际组织和英联邦国家的官方语言。英语也是与电脑联系最密切的语言，大多数编程语言都与英语有联系，而且随着网络的使用，英文的使用更加普及。其次，由于技术和历史的原因，美国人发明了第一台计算机、第一个网络以及当今最流行的操作系统和网络搜索软件。这一客观事实决定了计算机和网络所依托的机器语言是在以英语为基础的平台上设计而成的。文化的强大底蕴使英语成为电子文本的“官方语言”〔1〕。随着互联网技术在全世界范围内的普及和深入发展，英语也被越来越广泛地使用。

而日语在国内网络语言中流行也存在多方面的原因，从地理和历史的角度来说，日本和我国同处亚洲，同为亚洲文化的重要组成部分，自古以来日本和我国在政治、经济、文化艺术等领域就有着广泛的交流。尤其是文化方面的交流，

---

〔1〕 赵爱雪、赵玲：“‘粉丝团’的转喻和隐喻滑变”，载《四川外语学院学报》2008 年第 5 期。

日本古代的遣唐使就是历史的见证，如今日语中使用的汉字均来自汉语。[1] 近代我国也从日本引进了许多词汇以发展西方文明，而21世纪的今天，随着日本电影、电视、小说、动漫等在网络上广泛流传，其中的日语也成为国内的网络语言迅速流传开来。

（二）网络外来语多符合语言的经济性原则

法国著名语言学家马丁内提出了“语言的经济原则”假说。他认为：人们在保证语言完成交际功能的前提下，总是自觉或不自觉地对言语活动中力量的消耗作出合乎经济要求的安排。尽可能地节省力量的消耗，使用比较少、省力的、已经熟悉了的或比较习惯的或具有较大普遍性的语言单位。网络语言遵循了“语言经济原则”假说，具有简易表述的要求，即能够通过较少的词语表达较丰富的语义，节省时间与交际成本。[2]

国内网络语言对外来语的转化和使用很好地印证了马丁内提出的假说，许多网络外来语的引入正是为了语言的经济性。例如大火的 IP 一词，它是 Intellectual Property 的缩写，原指知识产权，现也指适合再次或多次改编开发的原创文学艺术作品，在网上交流时，两个英语字母就可以代替“原创

---

〔1〕 黄爱民：“网络外来语中的日语外来语”，载《湖北广播电视大学学报》2010 年第 11 期。

〔2〕 陈仁政、郑勇：“无处不在的伯努利原理”，载《知识就是力量》2009 年第 11 期。

文学艺术作品”这个专业词汇。再如“慕课”一词，指大规模在线开放式网络课程，是英文 MOOC 的音译，其中 M 即 massive（大规模），O 即 open（开放）和 online（在线），C 即 course（课程），一个中文词语即代替了“大规模开放在线课程”这一长短语的意思。网络语言交流的日常性和随意性更加强了语言经济性的重要程度。总之，网络语言的出现是为了人们网上交流的便利，那么网络外来语也概莫能外。

网络热播剧中的“弹幕”语言使用探究

一、网络热播剧中的“弹幕”概览

（一）“弹幕”一词及弹幕视频的由来

“弹幕”一词最早出现于军事领域，指的是密集的子弹，过于细密集中以至于像瀑布一样，使用此种密集火力对某一区域进行集中轰炸可以达到摧毁目标的目的，这种武器往往“射速高、火力密度大，一旦发射便如同在火力控制区内编织了一层致命的弹幕”。[1]

随着弹幕视频这一视频分享网站的分支之一的发展，“弹幕”一词引申到了视频领域：大量以滑动字幕形式显示的评

〔1〕 范伟、马志杰：“编织弹幕：MK19－3 自动榴弹发射器”，载《兵器知识》2002 年第 6 期。

论同时出现的现象被称为弹幕。与普通的视频分享网站不同，观看者能在观看弹幕视频的过程中随时发表自己的评论，且这些评论以飞行的形式横穿屏幕，当某部视频有很多评论时就会出现如同无数炮弹飞过的效果，这种现象被称作“弹幕”。[1]

弹幕兴起于御宅族盛行的日本，日本 NIWANGO 公司旗下的 NICONICO 动画网站是弹幕网站的鼻祖。2006 年 12 月，NICONICO 上线，起初 NICONICO 通过盗链获取 YouTube 的视频并添加用户字幕留言的功能，随后 NICONICO 拥有了自己的服务器并支持用户上传内容。2012 年，NICONICO 上直播了时任日本首相的野田佳彦与安倍晋三之间的党首辩论，超过 140 万网民在观看的同时用弹幕留言。

2008 年 2 月 24 日，AcFun 视频网（简称“A 站”）上线第一代弹幕播放器，开启了中国本土的弹幕视频吐槽化，同时也标志着 A 站由传统的视频网站向弹幕视频网站的过渡。[2]

（二）网络热播剧中“弹幕”语言的使用与发展

2014 年 8 月 7 日，爱奇艺在 8 部新剧集中开启了弹幕功能，主要集中于自制剧，作为增强用户与内容之间互动的手

---

〔1〕 江含雪：“传播学视域中的弹幕视频研究”，华中师范大学 2014 年硕士学位论文。

〔2〕 谢梅、何炬、冯宇乐：“大众传播游戏理论视角下的弹幕视频研究”，载《新闻界》2014 年第 2 期。

段，弹幕功能一经推出，即获得了用户的强烈追捧，两个小时之内，弹幕量就达到了 3 万左右，第二天达到 21 万。弹幕功能的使用在爱奇艺用户中的热度持续升温，第四周弹幕数同比增加 81.78%。[1] 随后，搜狐视频、优酷网纷纷上线弹幕功能，腾讯视频的弹幕功能新增点赞选项，可及时显示热度，而乐视则将弹幕搬上了超级 TV。

2014 年 8 月，电影《秦时明月》和《小时代 3》先后安排了数十场影院的弹幕场放映，并收到了较好的受众反馈。随着大、小屏幕对于弹幕视频的追逐与尝试，弹幕文化似乎一下子走到了主流大众面前。[2]

在日本，弹幕网站是“御宅族”的天堂，当弹幕被引入中国后，这一状况依然没有改变。相关调查显示，弹幕使用主体——弹幕族的主要特点为：青年比例并不大，但绝对数量不少；喜爱日本文化；狂热追逐日本动漫、游戏等，并乐在其中。但随着主流视频网站以及大荧幕纷纷引入弹幕功能，普通视频用户也参与到了弹幕的传授体系中，弹幕语言体系从“前方高能”“迷之感动”“全剧终”“阿姨洗铁路”等御宅系语言转向了“有人吗”“一个人看好无聊”“表白某某

---

〔1〕 http：//www. cctime. com/html/2014 －9 －2/201492118479114. htm.

〔2〕 陈新儒：“反讽时代的符号狂欢：广义叙述学视域下的网络弹幕文化”，载《符号与传播》2015 年第 2 期。

某”等较为日常化的语言。[1]

二、“弹幕”语言使用现状分析

（一）“弹幕”语言使用特点

1. 历时性

“历时性”是索绪尔提出的“共时性和历时性”这一对术语的其中之一，这对术语表述的是对系统观察研究的两个不同方向。历时性，就是一个系统发展的历史性变化情况（过去—现在—将来）的展现。[2]

具体到弹幕视频，则是指其信源不是单一且不变的。它包含“核心信源”和“递增信源”。所谓“核心信源”，是指直接上传而无弹幕的原视频本身，这同时也是弹幕视频传播的基本内容。而“递增信源”则是指用户发表的弹幕在核心信源的搭载下进行传播并且相对其他用户来说构成信源的弹幕视频，而且这种信源是通过弹幕的不断增多而不断扩大的。

2. 互动性

互动性是弹幕视频最显著的特性，具体体现在普通用户之间的互动、影视剧演职人员与普通用户之间的互动，还有视频上传者与普通用户之间的互动。可以看到的是，普通用

---

〔1〕 刘燕：“网络视频产业‘生态紊乱’乱象及其破解”，载《当代电影》2011 年第 7 期。

〔2〕 谢梅、何炬、冯宇乐：“大众传播游戏理论视角下的弹幕视频研究”，载《新闻界》2014 年第 2 期。

户在弹幕视频的观看以及弹幕发送过程中是互动性最强的一类群体，这也是弹幕视频最吸引用户的魅力所在：弹幕视频的出现使得原本偏向于个人化媒体的电脑、移动设备的使用开始回归属于客厅的电视媒体的倾向——用户聚集在同一个视频内容之下观影，同时可实时进行沟通交流，此种观影体验让用户重回较为开放而非封闭的观影环境中，当剧情中出现槽点、笑点、萌点、泪点等可引起用户相同情感的内容时，也是弹幕最为集中且互动质量最高的节点。[1]

3. 趣味性

Acfun弹幕视频网站的标语“认真你就输了!”可从一定程度上展现出弹幕使用者的态度。弹幕从初创之时便带着来自二次元的幽默感与欢脱精神，弹幕视频的出现使得观影乐趣和满意度不仅仅来自于视频内容本身，掺杂其间的弹幕具有社交属性的补充，使得在屏幕前面或悲或喜的个人情感通过及时发送的弹幕进行传播的时候，此种情绪的宣泄更加彻底。

（二）“弹幕”语言使用的用户体验

1. 二次创作的参与感

后期文化研究倾向于认为，与作品（work）的完整、封闭特质不同，文本（text）是“一个开放、无限的过程，它

〔1〕 杜方舒：“新媒介让青年亚文化空前活跃丰富，也良莠不齐”，载《东方早报》2012年第5期。

既是意义生成的场所，也是意义颠覆的空间”。同时，文本也是一个“开放性、充满异质、具有破坏性的表意和改写的力量，这一力量超越一切封闭性的结果”。[1] 弹幕的出现，弱化了“传播者”及“传播内容”的概念，为“文本”的“二度加工”提供了大量可操作空间。这里的“二度加工”，有别于传统接受美学影响的“二次创作”概念，主要指的是“弹幕族”对原有文本进行的重构，包括解说（包括曲解）、颠覆、恶搞等。

普通意义上，弹幕对于原始网络热播剧的二次创作主要指的是用户自发的对剧情的评论，而《龙门镖局》的编剧宁财神则大胆创新在该剧首轮播出之后直接收集网友在观看该剧时的弹幕评论然后据此对该剧进行重新剪辑，这意味着网络热播剧的编剧和普通受众共同参与到了剧本的创作当中，也令满足特定受众群的“网络自制剧”模式成为可能。

2. 围观观影的感官体验

2015 年底爆红的网络热播剧《太子妃升职记》是弹幕的受益者。此剧被网友戏称为“天雷滚滚”，主要因其“槽点满满”，完全满足了弹幕使用者的心理诉求。在创作之初，该剧组便埋下了两百多个槽点，最终走红的二十多个槽点并没有超出主创人员的预期。一位创作人员透露，为了找到合适

[1] Barbara Johnson ed., *Frank Lentricchia and Thomas McLaughlin Chicago*, University of Chicago Press, 1990.

的包袱，他去专业的弹幕网站蹲了半个月，刷遍了网站的热门剧，看弹幕在讲什么，以便摸清年轻人的观剧心理。[1]

而在众多的槽点之中，吐槽“剧组经费紧张”弹幕总是花样百出且极易获得共鸣的一个。该剧组用一台鼓风机营造衣袂飘飘的既视感，服装造型简易雷人却被曝出灵感大部分来自于时装周的走秀款。这种反差不仅收获了流量点击，更被网友誉为“完全不装的神剧”，同时收获了极具特点的各色弹幕，诸如“榴莲不要吃，下集还要接着用”“剧组由于经费不足请不起演员，所以就让先皇驾崩了”等。槽点的预设为用户提供了观影时互动、交流、吐槽的契机，为用户营造了围观观影的情景，使得用户在观影的同时获得了群体认同感以及表达的满足感。[2]

3. 跳脱原始文本的娱乐性

电视剧《琅琊榜》改编自同名网络小说，是一部恢宏大气而又不失诗意的古装剧，而其原作同性恋小说的身份在网络上小有知名度，改编成电视剧之后，情节虽然有了很大幅度的改动，包括去除了主要的同性恋内容，加入异性恋角色与剧情，依然吸引了大批观众坚定不移地支持两位男主角所组成的一对，当屏幕上出现“靖王”和“梅长苏”同框时，

---

〔1〕 http：//www.infzm.com/content/114787.

〔2〕 陈松松、何天天：“弹幕视频：小众网民互动新形式”，载《新闻世界》2014年第6期。

用户弹幕多以“我愿意”“在一起”等主张两位男演员“在一起”，跳脱出了电视剧原始文本的剧情理解和解构。如果是在没有弹幕的情况下观看，受众情绪以及思维极大可能会被剧情所牵引而不会有剧本内容之外的想法。然而弹幕的出现，观影体验发生了变化，观众在跟着剧情的同时，只要打开弹幕就或多或少会被弹幕内容所吸引，人人都可以是编剧，自我创作可以通过弹幕表达出来，如果足够精彩，之后看到的用户可以通过“点赞”为其加冕，而不同的用户可能看的是同一出剧，而真正接收的可能是一个完全不同的剧本，甚至自己会再脑补出另一出戏，用户在观影的同时具有极大的自主能动性。

三、“弹幕”语言使用的消极意义

（一）沉默螺旋下的所指位移

符号学中的沉默螺旋，指的是“人们在表达自己想法和观点的时候，如果看到自己赞同的观点受到广泛欢迎，就会积极参与进来，这类观点越发大胆地发表和扩散；而发觉某一观点无人或很少有人附和（有时会有群起而攻之的遭遇），即使自己赞同它，也会保持沉默，意见一方的沉默造成另一方意见的增势，如此循环往复，便形成一方的声音越来越强大，另一方越来越沉默的螺旋发展过程”。[1] 此种现象在早期的弹幕视频网站中尤为明显，原因在于传统意义上的弹幕往往代表的是 ACG 次文化，区隔于三次元、二次元世界的屏障便是主流文化与 ACG 次文化的“次元墙”的存在，其中最具典型性的是携带弹幕的“鬼畜”作品，如新版《神雕侠侣》中小龙女的扮演者陈妍希则一度成为弹幕发布者攻击的“靶子”。“靶子”一旦竖立，强大的沉默螺旋就迫使所有弹幕的叙述声音趋同，偶尔冒出的相反观点也会被有意忽视或成为新的攻击对象。

（二）众人创作下的版权认定

最初，弹幕视频网站是从盗链发展壮大的，随着版权时代的到来，一些网站不再被动接受弹幕网站分流其用户的行为而积极借助技术，后台屏蔽了弹幕网站的非法介入通道，导致很多视频无法在弹幕网站中正常观看。

以上是弹幕视频网站面临的版权认定以及发展突围的瓶颈之一，而随着各大主流视频网站纷纷引入弹幕功能，越来越多的用户在观看视频的时候参与到弹幕的发送以及回复当中，使得前文所述的“递增信源”不断扩充及“改版”，[2] 甚至是像《太子妃升职记》原创班底表示在拍同名大电影的

---

〔1〕 胡易容、赵毅衡编：《符号学——传媒学词典》，南京大学出版社 2012 年版。

〔2〕 刘燕：“网络视频产业‘生态紊乱’乱象及其破解”，载《当代电影》2011 年第 7 期。

时候会挑选“有意思的弹幕内置于电影”。[1] 此时有着一众用户言论参与的再创作视频的版权认定则需要进一步更加健全且参考合法性的考量。

（三）众声喧哗下的意义混乱

许多人在刚开始打开弹幕功能观看影视剧的时候，看到满屏的“前方高能！非战斗人员请火速撤离”“自古红蓝出CP”“女主真是玛丽苏中的战斗机”“主角光环”等弹幕时，都会或多或少地产生不适感和无法融入其中的感觉，甚至会质疑：明明每个字都认识，但就是不知道这些弹幕在说什么。

而对于弹幕的诟病也主要集中在视觉上的混乱对观赏造成的干扰和内容的良莠不齐上。一方面，如果用户选择开启弹幕，过分的弹幕厚度自然会对用户的注意力造成干扰，乃至完全覆盖观赏内容，甚至弹幕评论之间互相拥挤造成了弹幕本身的阅读障碍。[2] 另一方面，弹幕作为完全的UGC，自打从二次元走向三次元世界以来，“神吐槽”“科普帝”“空耳君”“真·高能君”等高质量内容越来越少，而吵架、刷屏、剧透等行为越来越多，已经脱离了弹幕欢乐吐槽的内核，而成为一种拥挤嘈杂，实则没什么信息量的评论形式。

〔1〕 蔡可：“我们应该为网络提供什么”，载《学术界》2000年第5期。

〔2〕 丘斐远：“网络修辞的负面影响不容忽视”，载《光明日报》2005年6月21日。

四、结语

“弹幕”的使用始发于二次元世界、流行于各大网站频频推出的网络热播剧的播出，尽管二次元文化在向三次元世界融入的时候出现了所指位移、意义混乱等问题，但是对于弹幕语言的使用与表达是当代中国社会情境下公众的生存状态的一种反映，它承载着社会中公众的情绪与利益表达。弹幕的开放性、互动性和趣味性，使得用户在掌握更多、更充分的话语权的同时，能够主动地对它进行个性化的解读。在这种充满个性化、创造力与针对性的解读中，弹幕语言更多地呈现出了对传统话语体系的解构。在肯定弹幕视频技术所带来的网络热播剧中弹幕语言蓬勃发展并壮大的现象的同时，我们仍应注意到用户在使用弹幕的时候可能出现的版权归属争议、对于经典的故意歪曲解构等问题。技术的革新是社会发展必不可少的助推器，然而网络热播剧“弹幕”语言中所包含的可能的不良信息以及可能出现的法律问题都是值得进一步考量的课题。

参考文献

［1］罗岗、顾铮：《视觉文化读本》，广西师范大学出版社 2003 年版。

［2］王珠珠、李素丽、尚俊杰：“青少年网络娱乐方式调

查研究”，载《中国电化教育》2013 年第 3 期。

［3］刘燕：“网络视频产业‘生态紊乱’乱象及其破解”，载《当代电影》2011 年第 7 期。

［4］江含雪：“传播学视域中的弹幕视频研究”，华中师范大学 2014 年硕士学位论文。

［5］陈新儒：“反讽时代的符号狂欢：广义叙述学视域下的网络弹幕文化”，载《符号与传播》2015 年第 2 期。

［6］谢梅、何炬、冯宇乐：“大众传播游戏理论视角下的弹幕视频研究”，载《新闻界》2014 年第 2 期。

［7］陈松松、何天天：“弹幕视频——小众网民互动新形式”，载《新闻世界》2014 年第 6 期。

［8］李礼、魏宝涛：“弹幕网及其在中国的发展现状”，载《中国传媒科技》2014 年第 8 期。

［9］杜方舒：“新媒介让青年亚文化空前活跃丰富，也良莠不齐”，载《东方早报》2012 年 5 月 11 日。

［10］［美］谢因·波曼、克里斯·威里斯：“自媒体研究报告”，载《美国新闻学会媒体中心》2003 年第 1 期。

［11］锦江法院民一庭课题组：“论二次创作作品独创性之界定”，载《四川行政学院学报》2012 年第 3 期。

［12］周洪波：《中国网络语言词典·序》，中国经济出版社 2001 年版。

［13］严锋：《现代话语》，山东友谊出版社 1997 年版。

[14] 岑运强:《语言学基础理论》，北京师范大学出版社1994年版。

[15] 钢铁:“怎样看待新的网络语言”，载《光明日报》2000年7月11日。

[16] 蔡可:“我们应该为网络提供什么”，载《学术界》2000年第5期。

[17] 丘斐远:“网络修辞的负面影响不容忽视”，载《光明日报》2005年6月21日。

网络语言与媒介传播

中介化交流中表情符号对传播主体的补偿：基于微信的考察

随着网络表情符号在中介化交流中更广泛的应用，其形式越来越多地呈现出“多媒体”特征：其表现手段包含了抽象符号、图案、卡通动漫、影视视频等多种形式。在进一步的发展中，其象形意义逐渐淡化，象征意义逐步增强。作为一种图像符号，网络表情符号和网络言辞一起建构了一个“伪语境”下的虚拟谈话场，其并没有弥补网络缺乏真实性的缺陷，相反，是进一步强化了这种虚拟性的存在。[1] 在社

〔1〕 赵爽英、尧望：“表情·情绪·情节：网络表情符号的发展与演变”，载《新闻界》2013 年第 20 期。

交媒体即时通信工具得到广泛应用之后，上面的情景得到了进一步的强化，传播主体使用网络表情符号的目的和动机变得更加复杂，甚至出现了传播主体符号化的现象。本研究关注的正是这一现象。

美国社会学家戈夫曼（Erving Goffman）是印象管理概念的提出者。这一学术观点集中于他所著的《日常生活中的自我呈现》一书中。在此书中，他提出了“拟剧理论”，并探讨了人际传播中传播主体的印象管理问题。印象管理是拟剧理论的核心概念之一。戈夫曼认为，人生是个大舞台，每个人只是舞台上的一个演员，每个人既是表演者又是观众。每个人都十分关心自己如何在他人面前塑造出一个能被接受的形象。这样的塑造过程，戈夫曼称之为“印象管理”。[1]“Leary 和 Kowalski（1990）提出印象管理包括印象动机和印象建构两个成分或过程。印象动机反映的是个体控制他人对自己形成的知觉和印象的愿望。印象建构是指人们如何‘改变自己的行为以影响他人对自己的印象’，是用来产生具体印象的策略。”[2]

综上所述，在社交媒体即时通信上，用户互动的过程中依然在对自身进行印象管理，并且非语言信息被传播通道所

---

〔1〕 汪广华：“述评戈夫曼的社会拟剧理论”，载《连云港师范高等专科学校学报》2001 年第 3 期。

〔2〕 Leary M. R. , Kowalski R. M. , “Impression Management: A Literature Review and Two - component Model”, *Psychological Bulletin*, 1990, 107 (1): 34 ~ 37.

屏蔽，给了传播主体更大的空间进行印象构建。已有研究证明，作为非语言符号的网络表情符号可以传达某种情绪、展示个性、实施控制或者展示感召力。[1] 这能否说明网络表情符号可以对传播主体自身进行印象构建呢？本论文将在以往各学科背景下的研究成果基础上，以拟剧理论为指导，基于印象管理的分析方法，提出研究假设并试图证明：在中介化交流中传播主体使用表情符号是在进行自我补偿。分为四步：①网络表情符号在中介化交流中的被使用情况（以社交媒体微信的即时通信工具为例）；②挖掘印象构建的实质；③探讨传播主体使用网络表情符号与印象构建的关系；④总结。

一、表情符号在微信交流中使用情况的统计与分析

（一）样本选择及研究设计

本次共计研究统计 200 个对话样本，这些样本来源于微信即时通信工具中传播者的对话过程。一个话题的开始到结束为一个对话过程。分析指标为：传播主体所处的社会情境、交流情境以及表演方式。①社会情境分为与社会身份平等者的对话情境和与社会身份差距较大者的对话情境。这 200 个对话样本中，包含 100 次社会身份平等者之间的对话，以及 100 次社会身份差距较大者之间的对话。②交流情景分为冲

〔1〕 李菲：“网络表情符号的使用与满足——基于高校学生 IM 中网络表情使用的实证研究”，上海交通大学 2011 年硕士学位论文。

突情境、尴尬情境、乏知情境、娱乐情境。

接下来，将会统计200个微信即时通信中的对话过程，分析在剧本期望下，在微信即时通信这一表演区域上，传播主体（剧组）在面对不同的交流情境时使用表情符号的情况，以及不同表情符号所代表的表演方式。有研究者把“演员”在社交媒体上的“表演”分为理想化表演、误解表演、神秘化表演、补救表演四种模式。[1] 根据对社交媒体即时通信工具上的对话样本的分析，在社交媒体即时通信工具上（以微信即时通信功能为例）存在理想化表演、神秘化表演、补救表演三种表演方式。理想化表演是指展示自己理想化的形象，[2] 在微信即时通信工具上使用美好的网络表情符号就是一种理想化表演。神秘化表演是指与互动方保持一定距离，使对方产生一种崇敬心理，[3] 那么在微信即时通信工具中不使用或极少使用网络表情符号也是一种神秘化表演，因为不使用它自然就减少了社会临场感，从而与对方保持了距离。补救表演指表演者在表演失败或不利的情况下使用戏剧规则

---

〔1〕 张记洁：“用戈夫曼的拟剧理论浅析虚拟社交网络中的社会互动行为”，载《社会心理科学》2015年第3~4期。

〔2〕 张记洁：“用戈夫曼的拟剧理论浅析虚拟社交网络中的社会互动行为”，载《社会心理科学》2015年第3~4期。

〔3〕 张记洁：“用戈夫曼的拟剧理论浅析虚拟社交网络中的社会互动行为”，载《社会心理科学》2015年第3~4期。

来补救自己表演的表演方式,[1] 在社交媒体即时通信工具中表现为，在社会情境、交流情境中处于不利地位，便产生对“不足”补偿的需要来补救自己的表演，所以说补救表演的实质是一种补偿性行为。从广义来讲，理想化表演也是通过补偿自己存在的“缺陷”才能变得理想化。所以不论是补救表演还是理想化表演都是以对传播主体自身进行补偿为基础的。

（二）网络表情符号在社交媒体（微信）即时通信工具中的使用情况

经过对200个样本的分类归纳统计，传播主体使用网络表情符号及使用表演方式的特点如下：网络表情符号在社交媒体即时通信对话中出现的频率极高。①传播主体的社会身份相对于传播客体处于弱势时使用网络表情符号的频率高；在尴尬情景、乏知情境下会进行补救表演，在任何情境下都经常进行理想化表演；理想化表演、补救表演是主要的表演方式，神秘化表演次数最少。②与社会身份平等者对话时，传播主体使用网络表情符号对话的频率最高且各种交流情境下出现频率均衡；多在尴尬情境、乏知情境和娱乐情境下进行补救表演和理想化表演。③社会身份相对处于强势的传播主体则很少使用网络表情符号。

---

〔1〕 张记洁：“用戈夫曼的拟剧理论浅析虚拟社交网络中的社会互动行为”，载《社会心理科学》2015年第3～4期。

二、印象构建与传播主体的自我补偿

（一）印象构建的实质——传播主体的自我补偿

在所有互动的场合下，一个基本的潜在主题是，每个参与者都期望引导和控制在场其他人所作出的回应。[1] 但是根据以上研究样本来看，社会身份处于弱势的一方在交流过程中往往是乏知者，尴尬者以及冲突的承受者和娱乐的发起者，他们不但在社会处境中处于不利地位，而且这一不利因素也导致社会身份处于弱势的传播主体在交流情境下的被动和缺陷。就连在对话双方社会身份平等的情况下，也会常常出现交流处境不利的情况。那么，在自身处于不利的情境下如何控制他人的回应呢？

如果传播主体想要达到控制传播客体的目的，进行印象构建的话，必须对自己的社会情境和交流情境中“缺陷”进行补偿。然而在社交媒体即时通信工具中非语言信息被传播渠道所屏蔽，使得传播主体在交流时难以通过非语言信息对自身社会处境和交流处境的不足进行补偿。随着网络表情符号的出现及发展，有表情符号专家认为，作为非语言传播符号的网络表情符号可以传达某种情绪、展示个性、实施控制或者展示感召力。这就意味着网络表情符号可以传递被传播

---

〔1〕［美］欧文·戈夫曼著，冯钢译：《日常生活中的自我呈现》，北京大学出版社2008年版。

渠道所屏蔽的非语言信息，进而对传播主体所处的社会处境和交流处境进行补偿。假设传播主体在面对面交流时想使气氛融洽，那么传播主体发出微笑的表情，构建一个平易近人的形象。这其实是传播主体想让传播客体感受到自己的友好并认同自己的形象，这也是在控制他人的回应或者说在控制他人的判断。然而在社交媒体即时通信工具中微笑被传播渠道屏蔽，仅用文字语言难以生动表达自己友好的意愿，以至于传播客体不能完全把握传播主体发出的信息，所以传播主体也就不能很好地控制传播客体所作出的回应。这时网络表情符号在交流中的作用就显得尤为重要了。在社交媒体即时通信功能上，在传播主体自身的微笑被传播渠道屏蔽的情况下，传播主体可使用表达微笑欢快的网络表情符号，此非语言信息便可以对传播主体表达能力的不足进行补偿，使印象构建能够顺利地进行，最终达到控制传播客体的目的。可以说，传播主体在社交媒体即时通信工具上使用网络表情符号进行印象构建的实质是对自身进行补偿。

（二）传播主体使用网络表情符号对自身进行补偿的特点

因为传播主体使用网络表情符号对自身进行了印象构建，而印象构建的实质是对自身的“不足”进行补偿，所以在社交媒体即时通信工具上传播主体使用网络表情符号是在进行自我补偿。本研究将依据社交媒体即时通信工具（微信）中传播主体使用表情符号的规律以及表演方式的规律来探讨传播主体使用网络表情符号对自身进行补偿的特点。

依据本文第三部分的样本量化分析，社交媒体即时通信工具中传播主体常常会有对自身进行补偿的需要。网络表情符号在社交媒体即使通信对话中出现的频率极高。不同社会处境的传播主体面临不同的交流情境会有不同类型的补偿需要。

（1）当传播主体社会身份相对传播客体处于弱势时，传播主体对自身补偿的需求增强，表现在传播主体使用网络表情符号的次数明显上升。使用网络表情符号进行理想化表演、补救表演是主要的表演方式，在社会情境、交流情境中处于不利地位，便产生对“不足”补偿的需要来补救自己的表演，所以说补救表演的实质是一种补偿性行为。从广义来讲，理想化表演也是通过补偿自己存在的“缺陷”才能变得理想化。这些表演方式也是建立在对传播主体自身补偿的基础上的。依据数据统计，处于弱势的传播主体在尴尬情景、乏知情境下会运用网络表情符号进行补救表演，尴尬情境、乏知情境、娱乐情境、冲突情境下都经常运用网络表情符号进行理想化表演。在尴尬情景、娱乐情境下有些情绪难以用文字语言生动展现，在这两种情境下使用网络表情符号是对自身语言表达能力进行的补偿。乏知情境多是由传播主体询问传播客体某一事件引起的，不论是传播客体还是主体在遇到乏知情景时都采取了诚实的态度，没有用过网络表情符号拔高自己的学识。这可能归因于微信的对话双方都相互认识。这意味观众进入过后台，已对演员本身有了一定的了解。这时如果演员面对在后台见过自己的观众进行脱离实际的表演，观众将不再配合演员，则会造成表演失败。所以在这种情况下，演员要以真实形象为蓝本，尽量塑造良好的形象。以至于在传播者相互认识的乏知情境下，使用了大哭、委屈、疑问的网络表情符号造了虚心求教、不知为不知的真诚形象的方式来对自身的学识进行补偿的。网络表情符号在乏知情境下对传播者的学识进行补偿是间接的，是通过塑造虚心真诚的形象完成的。在微信即时通信功能中几乎没有激烈的冲突情境，这可能也是由于交流双方相互认识，传播主体使用表情符号都是对紧张的氛围进行缓解，这时传播主体使用网络表情符号是在对行为效果的补偿。

（2）当与社会身份平等者对话时，传播主体依然积极地使用表情符号对自身补偿。多在尴尬情境、乏知情情境和娱乐情境下进行补救表演和理想化表演，主要是对传播主体自身语言表达能力和学识进行的补偿。

（3）社会身份相对处于强势的传播主体则很少使用网络表情符号来进行自我补偿。他们所在的优势的社会情境，也是他们在不同交流情境下处于有利地位，故而不常需要用网络表情符号进行自我补偿。

三、结语

研究发现，在使用即时通信工具进行交流时，传播主体对表情符号的使用有对自身的社会地位、社会形象、社会能力等进行补偿的意图，即传播主体使用的网络表情符号反映着其自我补偿的意图。网络表情符号对传播主体的补偿主要分为四类，其中三类直接补偿分别是：对语言表达能力的补偿、对见识的补偿、对行为效果的补偿；传播主体也通过合理运用这三类补偿缓解了社会情境不利的处境。所以，表情符号也间接地对传播主体的社会处境进行补偿。在中介化交流中，传播主体对自身语言表达能力和见识进行的补偿频率最高。

运用戈夫曼的拟剧理论对此做进一步的分析发现：①传播主体运用表情符号对自身进行补偿是自觉戴上“面具”的行为，是传播主体的符号化。②当传播主体社会身份相对于传播客体处于弱势时，传播主体对自身补偿的需求增强，反之，则较弱。传播主体对自身补偿需求的强弱与其所在传播情景中的相对方的社会身份成正比，与自身在传播情景中的相对的社会身份成反比。③传播主体在与“进入过后台的人”即熟人交流时，往往通过间接补偿的方式构建形象。

本研究样本来源于微信即时通信功能上的对话，由于微信上的交流双方在社会生活中属于熟人，所以本次研究所得出的“传播主体使用网络表情符号对自身进行补偿的特点”必须要考虑到演员与观众认识的这一因素。戈夫曼认为，如果要达到印象构建的目的，除了依靠演员在舞台上的表演，还要依靠观众的配合。所以，在观众对“表演的后台”有较多了解的情况下，为了确保中介化交流的有效，传播主体倾向于选择以现实为基础的印象构建。

网络语言的传播模式分析

一、绪论

（一）选题的背景

如今，世界已经飞速进入了互联网大时代，互联网不仅在发展速度上一日千里，在对生活渗透的深度上也达到了前所未有的程度，我们生活的方方面面都因为互联网而发生着翻天覆地的变化。而在这诸多的变化之中，网络语言的生成、发展和应用可以说是一个极为重要的方面。网络语言的意义早不是出现几个新鲜字词那么简单，它已经形成了一股全新的语言势力，有力地影响和冲击着现有的语言体系，改变着人们日常交流的习惯，尤其随着年轻人更多地步入社会，他们会掌握越来越多的话语权，网络语言的运用只会更加广泛，现有的语言体系和网络语言的冲突也会愈加显著。

（二）选题目的和意义

基于以上背景，本文致力于探讨网络语言究竟是如何传播的、传播的动因是什么以及它的传播模式是怎样的等一系列问题，争取通过分类对网络语言的传播进行分析，总结出有代表性和针对性的传播模式，大致梳理出网络语言的传播脉络。而只有在这些问题被解决的基础上，我们才能更好地处理既有的语言体系与新兴网络语言之间的关系，也有助于我们更好地管理和规范网络语言，既保留原有汉语体系的精华，又能使我们的语言体系与时俱进。

二、网络语言传播的现状

（一）网络语言的界定

在于根元主编的《中国网络语言词典》中，对“网络语言”提出了如下定义：“‘网语’是互联网的产物。大部分‘网语’是网民为提高输入速度，对一些汉语和英语词汇进行改造，对文字、图片、符号等随意链接和镶嵌。[1] 从规范的语言表达方式来看，‘网语’中的汉字、数字、英文字母混杂在一起使用，会出现一些怪字、错字、别字，完全是病句。但是在网络中，它却是深受网民喜爱的正宗语言。[2]”

---

〔1〕 于根元主编：《中国网络语言词典》，中国经济出版社2001年版。

〔2〕 吴文杰：“网络语言对现代汉语的影响”，载《语文建设》2013年第2期。

郑远汉在论文作品《关于“网络语言”》中则认为，“网络语言”的概念随着电子计算机（电脑）联网上网的逐渐普及，出现了许多与之相应的网络用语。[1] 不少人把它们称为“网络语言”。这是一种粗略的称呼，是不确切的。其中一种是与电子计算机联网或上网活动相关的名词术语。另一种性质的“网络语言”，主要是指网友们上网聊天时临时“创造”的一些特殊的信息符号或特别用法。

根据这些说法，我们可以将网络语言定义为：从网络中产生或应用于网络交流的一种语言，包括中英文字母、标点、符号、拼音、图标（图片）和文字等多种组合，表达网民的喜好、情绪和态度，具有简洁、直观和调侃等特征。

（二）网络语言的传播现状

网络语言的传播也是经历过许多阶段的，从一开始的个别字词的偶然创新和使用，到某些词语固定被网民们用于网络交流，再到网络社区内有意大量使用和创造的具有半封闭性的网络语言，直到现在，社交网络的普及使得线上与线下之间的壁垒在某种程度上被打破，网络语言的传播已经遍及全领域、全人群，从被特殊人群使用的特殊语言转型成为日常生活中被选择使用的常备语言之一，况且不仅仅是被作为日常用语，甚至在大众传媒中，这些网络语言也常常被使用，

---

〔1〕 郑远汉：“关于‘网络语言’”，载《华中科技大学学报》2002 年第 3 期。

可以这样说，网络语言现在已经是无处不在了。

三、网络语言的传播模式

（一）有关热点新闻事件的网络语言

1. 传播动因

这类网络语言的传播动因是多样的：其一，因为与一定的热点新闻事件相关，所以这类词语凝练了这些新闻事件的内容和含义，如果这个新闻事件本身就缺少被传播的可能性，那么这类词被传播的可能性就会大大减少，如果新闻事件是受人瞩目的，那么相关的网络语言也会得到疯传。其二，这些新闻事件更多的都是一些负面新闻的报道，或涉及玩忽职守、贪污腐败、隐瞒事实等，这些事件中诸多官员的表现都刺激着大众已经紧绷的神经，所以一经提出便会被广泛传播。[1] 其三，这个词语常常是整个事件中最具有爆点的一个事物或者一句话，它在概括事实的作用之上，往往还能起到暗讽的效果，这样就能在满足人们传递交换信息的需求的同时还为人们宣泄不满情绪找到一个合适的切口。其四，因为我国一些政策的原因，对于某些事件或者人物的评价无法公开进行，这样更加促使人们去使用这类具有暗喻意味的词汇，也为这类词汇的传播提供了动力。

---

〔1〕 陶丽萍："网络语言的使用动机及其流行的心理学研究"，南京师范大学2009年硕士学位论文。

2. 传播模式

这类词汇首先是在大众传媒对相关新闻事件进行报道后才在网络上产生的，然后经过网络上的短暂传播之后，大众传媒因为这类词汇的接近性、趣味性，很快就会将这类词汇应用在之后的报道中，所以这类传播非常明显的是网络和大众传媒共同助推传播的一个模式。

既然大众传媒在这类型网络语言的传播中起着举足轻重的作用，那么施拉姆的大众传播过程模式为我们理解新闻类网络词语的传播就能起到帮助作用。媒介组织首先在网络上将与自己报道的新闻相关的网络语言进行译码、释码和编码，然后将包含有网络语言的大量统一的信息向不确定的受众个体加以释放，这些个体又从属于不同的社会群体，[1] 在这些群体内，得到传播的网络语言又会经过一定的再解释或加工，最终又会形成一定的反馈影响到媒介组织传播网络语言。这个模式就从宏观上为我们阐释清楚了新闻类网络语言如何借由大众传播媒介流向普通大众的。

而赖利夫妇的传播系统模式又为我们提供了从微观上了解受众个体对于网络语言传播的作用。网络语言到达某个受众个体的时候，先要经过受众个体的人脑内传播，在经历了选择性理解和记忆的过程后，被其接受认可的网络语言才会

---

〔1〕 郭庆光:《传播学教程》，中国人民大学出版社 2011 年版。

进入下一步的传播过程，即该受众个体与其他受众个体的相互交流，也就是人际传播。而且因为受众个体分属不同的群体，在群体内的传播自然就形成了群体传播，当然这层次的传播效果要取决于受众个体在群体中的地位和被传播的网络语言自身的吸引力，[1] 然而因为新闻类网络语言有更大的共同语境，触及更相似的社会心理，所以即使受众个体在群体内的地位一般，新闻类网络语言的这些特性仍然会使它们很容易在网络上的交流中被接收并传播出去。同时，由于网络上受众个体很容易参与进入多个群体，如果一段时间内受众个体参与的多个群体都在使用相似的网络语言，那么就会产生强大的叠加效应。

（二）有关社会现实现象的网络语言

1. 传播动因

中国社会正在步入转型变革期，社会矛盾比较尖锐，各阶层都面临着各自的困境，小到包括大蒜、猪肉价格等在内的鸡毛蒜皮的小事，大到购房、买车、养老等国计民生都存在着的许多短期内难以解决的问题。恰恰就是这些扎根于社会现实深层次之中的冲突导致这类网络语言的生成和传播，而且这些词语往往牵扯到社会上的阶层矛盾或者生存困境等，在这个大众麦克风时代里，社会大众对于积累的不满情绪或

〔1〕 郭庆光：《传播学教程》，中国人民大学出版社 2011 年版。

者自身所处困境都有格外强烈的宣泄欲望和释放渠道，就类似于社会潜舆论的显像化现象，[1] 诸多以往只会流转于亲密关系之间的抱怨和不满，因为网络的出现有了方便的表达方式，而且因为网络连接更多的人，所以每个人都能找到与自己身处相似困境的其他人，进而产生归属感和凝聚力，不断增加他们的表达欲望和胆量，而这个时候，恰当的网络语言就成为他们抒发胸臆的绝佳工具，又成为网络上同质化人群聚集的鲜明标志。

2. 传播模式

这类词语和新闻类网络语言相比，大众传播媒介的介入相对较少，这类语言传播的前期基本上都是靠网络上个人的传播或者群体内的传播，一些词语因为切实反映了某些当下最为尖锐的矛盾，可能会倒逼大众传媒去反思和讨论这种现象的存在，使得更多的受众接触到这类词语，从而扩大了整个传播面积。

马莱兹克的系统模式可以比较好地对这类词语的传播进行分析。首先，传播者要受到诸多影响和制约因素的干扰，传播者的自我印象、人格结构、所属群体和生存环境都对传播者接收和传播相关的网络语言有不同的影响，而其中自我

[1] 童兵、王宇："论潜在舆论和潜在舆论场及其引导"，载《当代传播》2016 年第 3 期。

印象和所处群体又更为重要,[1] 只有网络语言描述的状况与自我认知相符合，才能达到与传播者的共鸣，而所处群体对于该网络语言的态度也极大制约着传播者对于网络语言的使用。其次，受传者同样受到类似因素的制约和影响，而这其中，人际传播和群体传播的效果也是大相径庭的，如果是人际传播中的受传者，一般来说与传播者的相互联系会更加密切，两者之间的相似度也比较高，传播效果也会比较好；而在群体传播中，传播虽然面对的是相对固定的一群人，但是因为传播指向性的不明确，所以每个受传者对于网络语言的接收与采纳程度是不同的，而且会普遍弱于人际传播的效果。[2] 但是同时我们要注意到，网络群体中的一些意见领袖有的时候甚至比传统社会中的意见领袖具有更强大的影响力，比如论坛中的版主或者微博上的大 V，他们在群体中传播的网络语言就会受到群体内其他人的追捧，从而导致这类网络语言的大量复制传播，这也是网络传播带来的全新变化。最后，要考虑影响和制约媒介与讯息的因素。这其中一方面是要考虑传播者对信息内容的选择和加工，因为网络上的传播随意性极强，网络语言在传播过程中往往面临多次的加工和变形，但是也要注意到，因为网络语言的简洁凝练，更多的

---

〔1〕 孙洁、樊启迪、巢乃鹏:“网络流行语的概念辨析与传播过程”，载《南京邮电大学学报（社会科学版）》2011 年第 3 期。

〔2〕 陈力丹、闫伊默:《传播学纲要》，中国人民大学出版社 2007 年版。

加工是增添一些修饰，所以核心的网络语言往往不会有非常明显的变形。[1] 而在另一方面应该考虑的是受传者对于媒介的印象，这里的媒介基本上就是网络，一般来说人们对于网络上的信息多少总会抱有怀疑感，但是由于网络语言更类似于一件工具，它所传递的也是准确鲜明的意象，反而不容易被质疑。

（三）有关幽默讽刺自嘲的网络语言

1. 传播动因

这类网络词语最具有初期网络语言的特征，它的传播更多的是靠网民自发的传播，初期基本上都是从网络群体内的大量传播开始的，这些词汇都是对他人或者自己的调侃或者讽刺，往往具有很强的娱乐性，能很好地迎合网民上网休闲娱乐的意图，有些词在使用之初甚至还有些低俗的含义。当然，在这个时期，这类网络词语是具有一定排他性的，更多的时候只有群体内的人才会运用这些网络语言，也只有这些人才能真正理解这些网络语言的内在含义。然后，随着相应群体的知名度上升，一些内部传播的网络词语开始被群体外的人所知晓，这些词的调侃意味和再次符号化产生的意义便能很快地感染接触的人，然后就会像病毒传染式地大面积爆发传播，尤其其中一些自嘲的词语更是让人找到自我归化的

〔1〕 施春宏："网络语言的语言价值和语言学价值"，载《语言文字应用》2010 年第 3 期。

类别，就好比现在人人都会自称“屌丝”，对比自己出色的人也经常冠以“高富帅”“白富美”的称谓等，这类词语也成为最为持久、传播范围最为广泛的网络语言。

2. 传播模式

最初在群体内的半封闭式传播是比较典型意义上的群体传播，但是与以往群体传播所不同的是，这个群体内虽然也有着意见领袖似的人物，但是他们只是相较于其他人占有不太明显的传播优势，在群体内任何人的传播都可能被其他人接受并进行二次传播，这其中起重要作用的是网络语言的内核和形式，如果这个网络语言具有可以充分表达群体内人群群体特性的内核，又具有简单且有趣的形式，那么任何人将它提出来，都会很快地在群体内得到大量重复的传播，在这个时期内，所有人都在传播者和受传者两个身份之间快速的转换。

当群体外人进行群介入之后，这些网络语言的新内涵和新形式很容易激起受传者的好奇心，十分有助于受传者了解和接受这些网络语言，从而转化为主动的传播者，又因为很多词语形式上的难登大雅，传播途径更多的是依靠与他人网络上的交流和表达。当网络上的私人交流和表达越来越多地运用此类网络语言，甚至成为网络上的时尚之后，传统媒体和大众媒介就会开始介入进来，由于我国大众潜在的对于大众媒介的信任感和崇拜感，这样这类网络语言就会摆脱初始带有的低俗性，完全成为具有新意义的词语，可以作为不同类人群的标签加以使用。[1] 这样，这类词语从一种具有特殊性的传播转型成为日常交流的普遍应用，一级一级地渗透到各个阶层和年龄段的人群之中。

（四）网络成语类的网络语言

1. 传播动因

网络成语的传播和以上三类相比具有更大的偶然性，这类网络语言得以传播主要是靠迎合了作为上网主体的年轻人群求新求奇的一种心理，而且在形式上类似于传统成语，可是其在意义上却相较传统成语有很大的变形，这种错位表达的方式充分贴合了年轻群体挑战传统的需要。同时，网络成语的流行也借助了网络语言开始大量涌入人们日常生活这一特殊节点。[2] 第一个网络成语的偶然成功，立刻激发了网民对于网络成语的创造欲望，很快大量类似形式的四字词语就被创造和传播了出去，但是这种带有狂欢性质的传播，持久性就要差很多，在经历一个传播高潮之后就有些后继乏力了。

2. 传播模式

网络成语的传播模式相对而言比较套路化，首先一些背后的推手根据网络成语的形式，创造出相似的网络成语，然

〔1〕黄碧云："网络流行语传播机制研究"，暨南大学 2011 年硕士学位论文。

〔2〕叔翼剑："解读'无厘头'网络流行语"，载《新闻知识》2011 年第 8 期。

后将网络成语大量地展现在微博、贴吧、微信群和朋友圈中，营造出一种网络成语被大量使用的情景，这个时候，因为网络成语的语义不明，自然引发初期的受传者去探究其意义，最后在这些受传者中的一部分人因为其人格特点、所处群体以及生活环境的影响，就对网络成语产生了兴趣，进而开始在人际交往和群体交流中加以运用。[1] 当然由于网络成语的前卫性，传播者会选择更能接受新鲜事物的人群加以传播。而受传者又结合自身的条件和情况，来选择是否再次对网络成语进行传播，通过多次出现这种情况，网络成语才真正形成了网民自发去使用和传播的氛围。因为网络成语意义的难以理解，反而成为个别群体标榜不同的标准，为显示自身与其他群体的不同，这些特殊群体和个人就会主动地去寻找和传播这类网络成语，而这类人多是年轻人，所以社交网络就成为他们传播网络成语的媒介。[2] 网络成语的传播更多的是点与点之间的相互传播，这里的点主要指的是个人和小群体，并没有真正地在大的社会系统中得到广泛传播。

---

〔1〕 程锦："网络语言的规范化研究"，湖北工业大学2011年硕士学位论文。

〔2〕 傅振国、颜廷昆："网络中的意见领袖群体分析"，载《青年记者》2012年第26期。

四、网络语言的传播的影响

（一）冲击既有的传播模式理论

我们可以看到，虽然一些已有的传播模式可以套用进来用以分析网络语言的传播，但是这些传播模式都不能做到完整地、准确地展现网络语言的传播过程，仅仅能为网络语言传播的一部分内容加以解释。这种情况的出现也在意料之内，大部分成型的传播模式的提出都是较早以前的事情，虽然传播模式具有抽象化和概念化的特质，但是毕竟时间相隔久远，而且网络传播是一种新的传播方式，这必然导致网络语言的传播和既有的传播模式理论不相符的情况，也说明我们需要进行新的理论探索，总结出新的符合网络传播的传播模式，为传统的传播模式理论增添新的内容。

（二）深刻影响现有语言体系

传播模式的理论变动毕竟离我们的生活有一段的距离，但是网络语言的频繁利用和其对传统汉语言体系的冲击却不是我们能够忽视的。语言体系的稳定和发展对于一个国家来说也是至关重要的事情，因为每个传统的语言体系不仅有着语音、语义和语法等内容，在这些内容背后其实都隐含着一个国家和民族源远流长的文化血脉和基因，这样的东西一旦被打乱，对青少年成长和教育的影响都是巨大的。而且由于网络语言的生成和传播的随意性，常常有一些低俗或者不雅的内容，又因为网络语言没有经历长时间的考验，往往生命力脆弱，这就导致网络语言更新换代快，这样语言体系的不稳定就会造成大众认识的不稳定，从而导致社会秩序的不稳定。[1] 如何应对网络语言对现有语言体系的冲击，如何协调两者之间的关系都是我们在未来很长一段时间需要面临的重要课题。

模因论视角下网络流行语的传播路径

引言

科技改变生活，互联网带来语言革命。以互联网为社交领域的传播和沟通方式借助网络的便利性和经济性创造出更加便利和经济的“新”语言——网络语言。综合网民追逐时尚、寻求创新以及渴望标新立异的群体心理和互联网自身强大的开放性及互动性，网络语言有别于传统媒介上的语言，它们拥有更加强大的传播力，成为网民们进行人际传播、人际沟通的主要使用工具。但是纵观近几年网络语言的使用状况，我们不难发现，有些网络语言在经过人们的热捧和使用

〔1〕 倪胜男：“当前我国网络语言伦理失范及对策研究”，南京林业大学 2015 年硕士学位论文。

之后成为网络流行语，这些流行语有的经过时间的沉淀之后甚至成为普通语词被持续使用，而有些因为新一轮的流行语的产生被替代淘汰。本文试图根据模因论的相关理论来挖掘这一现象的产生原因，分析网络流行语的传播路径。

一、相关概念界定

法国社会学家塔尔德在1890年提出其社会学理论的核心："模仿即社会。"英国生物学家道金斯在他的《自私的基因》中首次提出"模因"的概念，他以生物基因的"复制因子"属性为基础，进一步构想出存在于文化中的复制因子——模因，模因就是以模仿的方式进行自我复制、完成传播过程。它既是一种文化信息单位：语言模因存在于单个字（母）以上的任何一个语言单位中，例如汉语中以"花""雪白的"等为单位复制出如"桃花、杏花、梨花""雪白的婚纱、雪白的墙壁"等语词；其也是一种行为模式：语言模因是通过模仿的方式来实现的复制传播过程，2009年席卷中国网络的"贾君鹏，你妈喊你回家吃饭"作为语句模因被模仿，从而衍生出楼盘商做广告语的"×××，你妈喊你回家看房"、略有温情的"台湾，你妈喊你回家过年"等新语句。

关于网络语言的研究中，学者们通常很少区分网络语言、网络通用语和网络流行语。本文的研究对象是网络流行语，其相较于网络语言和网络通用语而言还是有一定区别的。网络流行语和网络通用语均属于网络语言的范畴，但网络流行语更像是大浪冲过之后留在沙滩上的贝壳，是特殊的、值得人们加以关注的语言。它可能存在于整个网络世界中被所有的网民使用，也可能只是存在于一定的群体、社区中。但是不论哪种情况，网络流行语都是在短时间之内能够为大多数人所认可和使用的网络语言，在它火起来之前和使用热度退去之后它是网络语言，但在热起来的这个过程中，它被细分为网络“流行语”，这个热起来的过程或短暂或持久。

二、网络流行语模因的分类

网络流行语作为语言的细分种类，自然也具有母体所具有的模因属性。网络语言有着自然语言所无法超越的发展环境，这有利于语言模因的超高速复制和繁殖，但是就如同细胞快速更新换代所带来的新一轮生长一样，超高速繁殖的网络流行语模因也势必会带来一部分流行语的快速灭亡。然而无论繁殖速度有多快，更新种类有多少，网络流行语模因的复制基础仍然是基础汉字、英文、符号，人们几乎不能自己创造出真正意义上的新的语言因子。

（一）初始模因与次生模因

本文根据语言的演变历史将语言模因分成一级模因（初

始模因）和二级模因（次生模因）。初始模因以单个的汉字为基因，自有文字以来，循着语言的发展路径来看，此后不断衍生的语词、句子、篇章都是以初始模因为复制样本。像汉语中的ABB、AABB等格式的词语以XBB格式为模因复制词语，当有了第一个“红艳艳”词之后很快这样的词语大量产生，如“黄澄澄”“黑黢黢”“白茫茫”。因为模因的复制方式将在下文详细论述，此处只是指出初始模因的复制样本就是单个的汉字自身，初始模因因其在语言中过于普遍的使用而被人忽视他的“一级（初始）”的身份。比初始模因更值得研究也少有人注意的是次生模因，次生模因由初始模因组合而成，次生模因也被称为二级模因，属于复合模因，因为网络流行语的子属性，所有的网络流行语模因都可以归于次生模因，这是本文的讨论重点。

以网络流行语“累成狗”为样本进行分析（图一）：单字“累”“成”“狗”分别是一级模因，通过与其他单字的组合可以进行模因的复制从而变成二级模因，如累cry、累不爱、心累等；当“累”“成”“狗”三个单字组合在一起时产生的二级模因“累成狗”通过复制自身词格的方式形成更多的新语词，如“哭成狗”“笑成狗”“热成狗”“冻成狗”。

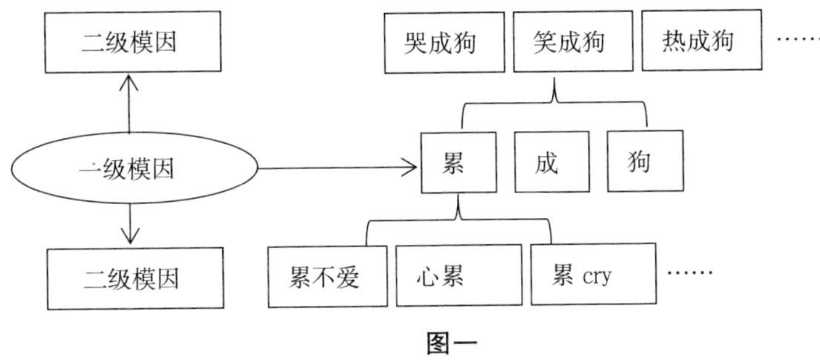

图一

（二）次生模因的细分

根据字、词、短语、篇章等形式的不同，网络流行语模因又可以分为词汇模因、语义模因、语法模因、语句模因、语篇模因等。

1. 词汇模因

词汇模因是网络流行语模因中最活跃的存在，在网络对话瞬息、迅速的情况下人们通常会采取字母、数字代替汉字，或者字母、数字、汉字混杂使用等方式来追求快速对话和语言的省时、经济。如：748（去死吧）、7456（气死我了）、IC（I see）、BTW（by the way）等。

2. 语义模因

语义模因是给传统词汇赋予新的意思，从而在新语义的基础上复制出更多的语词来。当“囧”字因其象形而被网民赋予烦闷、苦闷的含义时，网友们复制出更多类似的字如烎、嫑、巭、孬等语词来进行简便使用。如游戏中使用的“都闪开，我要烎了”，网络上表达否定含义时说“嫑嫑的”等。

3. 语法模因

语法模因是指在网络语言中人们出于快速对话的需要和对语言的熟悉从而变更词语属性，其中包括名词用作动词："剑三"本来是指一款网络游戏，但是在其粉丝群体中通常会用"剑三去啊"来代表"去打剑三游戏"；动词作名词："别问我，我想静静"，这里的"静静"本来是动词，指想要安静一下，但是被网友无厘头地解释成一个人名，变成"我想要找静静获得安慰"的意思。

4. 语篇模因

语篇模因以大篇幅的网络流行短文为模板进行复制。如很火的《五环之歌》的歌词"啊~五环~你比四环多一环~啊~五环~你比六环少一环~"被网友复制成《七夕之歌》："啊~七夕~你比巴西少一夕~啊~七夕~你比无锡多两夕~啊~七夕~你比四喜多三夕~啊~七夕~你比山西多四夕~啊~七夕~你比儿媳多五夕~啊~七夕~你比依稀少六夕~总有一天，你会天南海北满汉全席~"。

三、网络流行语的强势模因

道金斯模因论的理论基础是达尔文的进化论，模因作为文化复制因子自然也遵循进化论中"适者生存"的进化规律，这是对为什么一些网络流行语能够长久地被人们使用而另一些只能够昙花一现即被淘汰问题的最简单的解释。基于适者生存的进化规律，通过竞争、选择、淘汰最终保留下来的网络流行语就是能够在日新月异的网络世界中存活的高质量强势模因。英国心理学家苏珊·布莱克摩尔在《模因机器》中提出有两个因素决定模因的成功与否：其一，人类作为模仿者和选择者的本性；其二，模因自身的特性。网民群体作为网络语言的选择者通常会受到群体心理的影响，在面对同时产生的两组网络语言时，短时间之内被更多人使用的那一组会跻身强势模因的队伍，更容易被潜在的使用者选择。

强势模因也称成功模因，具有三个特征属性：一是语言保真度高，指作为基础模因的语言能够在不断地复制和传播过程中维持初始状态不被变更。在网络流行语中，这样的强势模因多体现为图片网络语言，如图二所示：

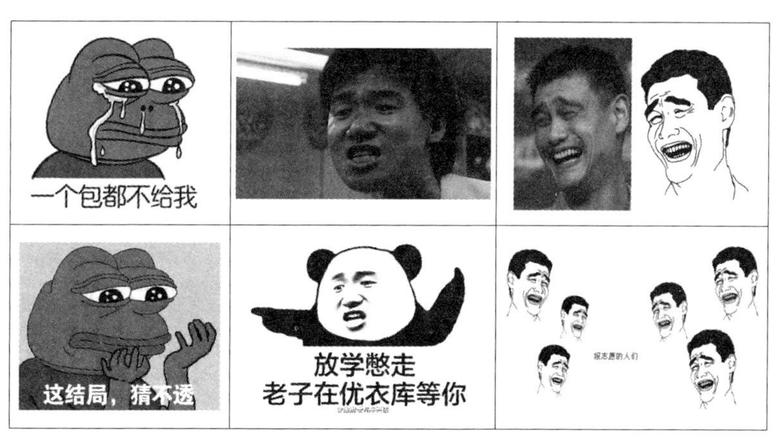

图二

图二中的表情包网络语言是为网民所认可并经常使用的

三款网络语言，我们可以看出第一行的三张图片分别对应下面的三张衍生图片，并且不论衍生图片如何改变，因为抓住了初始模因的关键点如神态、面部表情等特征，在以后的再创作和更新中人们都能够认出初始模因，这就是保真度高的网络流行语言。二是多产性，成功的网络流行语模因的复制能力极强，且传播速度较快。以流行语“宝宝”为例，2016年6月1日，很多支付宝用户在使用支付宝进行交易时发现自己的昵称后面被统一加上了“宝宝”二字，为网友们自称所使用的“宝宝”不同于普通用语中“婴儿”的意思，而是体现了使用者“卖萌”的心理，有一颗年轻的喜爱自己或被指称对象的心：粉丝们喊自己喜欢的偶像为宝宝，如鹿晗宝宝、王源宝宝、吴亦凡宝宝等，在跟朋友说话或者发朋友圈时称自己为宝宝，如“宝宝今天累死了”“辛苦宝宝了”等。一时间，“宝宝”成为强势网络流行语模因。除此以外还有“细思恐极”“十动然拒”“累觉不爱”“喜大普奔”等缩略格的网络流行语，“细思恐极”是“细细思索之后感到十分恐惧”的意思，当网友发现用四个字来成语化一个长句子，既显得比较高深又能节省话语长度时，这种缩略格的形式很快为大众所接受，因而被广泛使用，变成成功模因。三是长久性，复制模式存在越久，复制的数量越大。强势网络流行语模因的第三个特征仍然存在疑问，网络社会的特点是瞬息万变，一天之内能够产生巨大的信息变化，在这样的情况下，综合网民在大面积使用成功模因之后产生的心理厌烦感，网络流行语很难真正沉淀为普通用语并在日后很长的时间里仍然为网友所使用，一般情况都是新词取代旧词，旧词就此昙花一现，甚至当人们再使用的时候会产生“好土”“过时”的实用心理。但是这并不能够表明强势网络流行语就没有长久性的特点，诸如 GG（哥哥）、MM（美眉）、88（拜拜）、你妈喊你回家吃饭、打酱油、雷等就已经随着时间的变化逐渐成为网络普通用语。

与强势模因相对应的是弱势模因，强势模因跟弱势模因的区分界线并不是固定不变的，当网络流行语的热度过去之后，曾经的强势模因因其长久性的欠缺或逐渐变成弱势模因而被淘汰。

四、网络流行语模因的传播路径

何自然教授提出语言模因的传播方式可以分为基因型和表现型两种模式（见图三）：

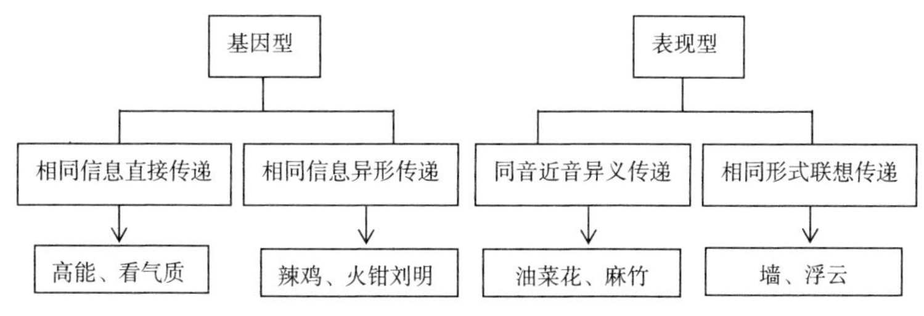

图三　网络流行语模因的传播方式

基因型传播是指内容相同、形式不同的传播方式，表现型则是内容不同、形式相同的传播方式。基因型的传播方式又可以分为两个小类，第一类是相同信息内容的直接传递，我们可以称之为“拿来式”传递，对于语言模因的内容不做改变地直接运用到不同的语境中，如“高能”。“高能”一词最早出现在日本动漫《福音战士高达》中，是指“高能量”的意思，现在网友多将其运用在B站等弹幕视频网站上，“前方高能”“高能预警”，用来指示后面将要出现的内容可能比较震撼或出乎人的想象。在其他语境中使用时，“高能”一词并没有被改变而是直接安插到语句中，例如“前方高能反应”“画面太高能”等。第二类是相同信息的异形传递，也可以称作“替代式”传递，由于网络环境的虚拟性，人们在网上交谈时并不能像面对面交谈那样判断出对方所用语词的真实含义，因此许多词语被其同音词语替代使用，从而减弱了它原本所具有的含义，如用“辣鸡”模因来代替“垃圾”模因，当网友用“垃圾”来形容一个人物时，观者多半会认为他对描述对象抱有的是厌恶的心理，但是如果采用的是“辣鸡”模因的话，可能在厌恶情绪中还包含了一种戏谑的口吻，从而削弱了犀利的情感表达。

表现型传播模式也可以分为两类，同音/近音异义传递和相同形式联想传递。第一种是指用同音词来代替原词进行传播，例如用“油菜花”模因表示“有才华”模因，用“麻竹”模因表示“马住”模因，用“斑竹”模因表示“版主”模因等。相同形式联想传递指的是模因形势不改变但是它的意义随着语境的变化已经发生改变了。例如，“浮云”模因最早只是一个名词指代天上的云朵，但是后来网民多用“浮云”来表示“不算什么事儿”的意思，在这种传播方式下，联想意义超越了字面意义。

五、结语

模因论的发展为语言学的研究带来新的研究角度，但是目前已有的以模因论为切入点的网络语言研究大多集中在对概念的定义和分类上，较少有分析网络语言传播路径的，本文在结合前人观点的基础之上提出了一级模因和二级模因的概念，并将网络语言的传播路径具体化，但是仍然存在诸多不足，笔者希望能在之后的研究中结合模因论和群体心理学的理论对网络流行语的传播进行进一步的剖析。

参考文献

[1] 何自然：“语言中的模因”，载《语言科学》2005 年第 6 期。

[2] 刘金、曾绪：“模因论视觉下网络语言的变异现象分析”，载《西南科技大学学报（哲学社会科学版）》2009 年第 2 期。

[3] 杨敏、陈昕:“模因论视角下的网络语言变异分析”，载《长春师范学院学报》2013年第1期。

[4] 曹进、靳琰:“网络强势语言模因传播力的学理阐释”，载《国际新闻界》2016年第2期。

[5] 李翠羽:“模因论视角下的网络语言变异研究”，河北大学2011年硕士学位论文。

[6] [法] 加布里埃尔·塔尔德著，何道宽译:《模仿律》，中国人民大学出版社2008年版。

[7] [美] 理查德·道金斯著，卢允中等译:《自私的基因》，中信出版社2012年版。

[8] 曹进:《网络语言传播导论》，清华大学出版社2012年版。

网络语言的社会影响

浅析网络语言暴力的形成机制与应对策略

一、网络语言暴力与网络暴民

（一）网络语言暴力的内涵

通常来说，语言暴力是指使用谩骂、诋毁、蔑视、嘲笑等侮辱性、歧视性的语言，致使他人的精神和心理上遭到侵犯和损害的一种暴力行为。而网络语言暴力则是语言暴力行为在互联网领域内的一种表现形式，也就是指在互联网络上，以话语霸权的形式，采取诋毁、蔑视、谩骂、侮辱等手段，侵犯和损害他人人格尊严、精神和心理的行为现象，像近些年来出现的“世上最毒后妈”事件、“郎咸平”事件和“林妙可”事件，均为典型的网络语言暴力行为。其具有如下特征：①具有网络型和隐蔽性。网络型指的是利用网络实施了侵害他人权益的行为；隐蔽性则是指网络语言暴力实施人的身份较为隐蔽。②在行为性质上，网络语言暴力属于民事侵权行为。

网络语言暴力的主要表现形式有以下几种典型种类：谣言、羞辱谩骂性言辞、人肉搜索。①谣言，主要是指通过散布一些不真实的消息，使得他人遭受严重的伤害。在当下的网络环境中，出现了许多所谓的“炒作”“水军”，他们为达到一些商业目的或为实现个人利益，通过金钱等其他不正当手段在一些贴吧论坛或者社交平台上随意发布不利于他人的信息，致使当事人遭受严重的损失和精神伤害。②羞辱谩骂性言辞。在当下这样一个网络言论自由流通的时代里，有人往往会因为发现与自己观点不符合的言论或者意见，又或者为博得粉丝关注，情绪化地宣泄一些粗暴过激的评论，有的当事人甚至被莫名其妙地诋毁、诬陷，给相关当事人留下了严重的心理阴影。像前些年发生的“舒淇关闭微博事件”“林妙可受辱事件”等，这些事件大多是由一个很小的事件导火索而引发十分严重的谩骂和人身攻击，甚至牵涉暴露个人隐私，给网络生态环境造成了极大的污染。③人肉搜索。人肉搜索这一行为显然侵犯了案件当事人的隐私权，像“虐猫女事件”和“铜须门事件”等，网民对事件当事人进行人肉搜索，并将其大量的个人信息暴露在网络中，使当事人受到口诛笔伐的谩骂与声讨，给当事人的身心造成严重的损害。可以说这些网络语言暴力行为通过侮辱、诽谤、非法搜索后公开的形式，给受害一方的名誉、隐私和社会评价造成了巨大的负面损害，应当受到法律的制裁与规范。

（二）网络暴民和语言暴力

根据中国青年报社会调查中心与腾讯网新闻中心联合开展的一项调查（共 3226 人参与）显示：首先，62.6% 的受调查者认为“主观上有恶意制裁别人的倾向”是“网络暴民”群体的首要行为特征；居于其后的是“出口成章”，有 57.4% 的受调查者表示认同；认为“网络暴民”这一群体“不经当事人允许就擅自公开其隐私”的受调查者占到总调查人数的 56.8%；其余有 54.3% 的人认为“网络暴民”“威胁当事人的人身安全”；48.2% 的人认为“网络暴民”“动不动就质疑当事人的道德品质”；44.8% 的人认为“网络暴民”“盲目跟随他人意见”。[1]

可以发现，网络暴民正是在等待某一网络事件爆发之后利用暴力、侮辱性的语言对该事件及事件的当事人进行网络暴力攻击。“网络暴民”的非理性行为直指当事人，他们并不关注事件前因后果，也不关注事件真假，其惯常的做法是

---

〔1〕 中国青年报社会调查中心与腾讯网新闻中心，网络暴民行为特征网络问卷调查。

首先在网络上大肆谩骂和人身攻击，质疑当事人的道德品质。进而想方设法去调查当事人的个人隐私信息并进行公开，给当事人造成心理或生理上的伤害。网络暴民以其群体性的特征，情绪化、极端化地利用网络语言暴力对现实社会或者社会中的个人进行人身攻击，严重者甚至会导致民事侵权，承担相应的民事侵权责任；如果侮辱、诽谤他人，情节严重的，还可能涉嫌侵犯治安管理处罚法甚至刑法，受到相应的刑事处罚。

二、网络语言暴力的形成原因

（一）互联网成为社会泄压阀和满足虚幻优越感的平台

互联网虽然极大地拓展了人类交流传播的公共领域，但可以发现，网络在加深扩展人们交流渠道的同时也加大了民众个人负面情绪压力的宣泄，一方面，这些现实中积累的负面情绪压力很容易在网络平台中形成语言暴力的宣泄；另一方面这些负面情绪压力来自人们现实中心理不平衡，现代社会里的各种利益冲突造成人们心理的失衡。一个很重要的原因在于我国正处于社会、经济的转型时期，社会变迁迅速和各种利益格局的冲突，导致人们焦虑、浮躁，甚至很多人都有“仇官”“仇富”的心理，这类情绪一旦开始蔓延，在网络中就会像水纹一般无法阻止。网民通过“网络语言暴力”的攻击，可以暂时获得一些虚幻的优越感，进而获得在现实中难以获取的满足感。例如2017年10月8日中午，影视明星鹿晗在其个人微博上公布了其与关晓彤的恋情之后，短短一个小时就有几万人在其新浪微博的评论下进行语言暴力攻击。大多数人认为：关鹿二人不配，并在其微博评论下辱骂二人，“以前接受我多少赞美，以后我将接受我多少诋毁”等，大多回帖均为网络语言暴力。

（二）社会舆论的非理性与大众文化的粗俗化表达

从社会心理学上看，社会舆论机制不断形成，并且网络语言暴力是其中非理性的一面。客观看来，社会舆论一方面能够反映民意，但另一方面在其中“真理和无穷错误”“直接混杂在一起”。而这“无穷错误”正是来自社会舆论形成机制中非理性的一面，其突出的表现就是在社会心理形成过程中情绪化的盲从心理。古斯塔夫·勒庞在《乌合之众》中深刻剖析了群体中个人的盲从心理，他发现一个个体一旦进入群体，他会受到群体暗示、感染等机制的影响，其个性会被磨灭。因为群体思想一直占据统治地位，而群体的行为表现为无异议、情绪化和低智商。现实中很多网络语言暴力的实施者也正是具有此类特征：盲从、情绪化和缺乏正常的判断力。

网络文化自身也属大众文化的一个种类，它先天具有大众文化那种娱乐、夸张和戏谑的特征，所以，网络语言也具有那种夸张化、游戏化、情绪化的成分。其粗俗化的趣味主要表现在“粗话”“暴行”等；因为互联网传播速度快，且具有匿名性等特征，这些粗俗化的趣味文化在互联网这个平台上传播得更加快速。由此一来，以网络语言暴力为代表的粗俗文化为迎合受众娱乐化的心理需求，将会导致暴烈性语言，畸形化语言在互联网环境下会呈现出愈演愈烈的状态。

（三）商业利益的驱动

网络的发展为社会带来了较大的经济效益，网络舆论带来的高曝光度让追逐金钱利益的人们趋之若鹜，这也集中表现在那些恶意的“人肉搜索”上。一家论坛的版主曾反映过：“一次成功的‘人肉搜索’策划，往往能带来数万甚至数十万的点击率，而点击率，则是网站提高知名度、吸引广告的重要筹码。”[1] 所以，像网络推手、人肉搜索等网络语言暴力行为的兴起大多也是由于其背后带有大量商业利益的驱动。并且其呈现出的市场价值和巨大的市场潜力也将成为企业等主体竞相争夺的焦点。

比如，几年前打着“微博大V”旗号的秦火火、立二拆四等，他们主要从事网络推手、网络营销等业务。秦火火、立二拆四及其公司员工组成网络推手团队，伙同他人，通过微博、贴吧、论坛等网络平台，组织并制造传播谣言、炒作网络事件、诋毁公众人物，以此达到公司谋利目的。二人编

〔1〕 金君俐：“网络语言暴力的成因和对策初探”，载《新闻实践》2009年第4期。

造和传播的网络谣言有“7·23”动车事故中政府花2亿天价赔偿外籍旅客、虚构雷锋生活奢侈细节污蔑道德形象、捏造中国残联主席张海迪拥有日本国籍等。[1] 此外，像近年发生的“21世纪网”特大新闻敲诈案，为了在最短的时间内取得最多的社会效益特别是经济效益，他们抛开一切道德约束，甚至不惜以身试法，以公平、正义为幌子，威胁受害对象，吸引社会的注意力，进而获取最大化的市场效益。可以发现，这类自媒体人利用网络社交媒介，非法编造谣言，炒作网络事件；为谋取商业利益，不惜使用网络语言暴力对公众人物进行诋毁和抹黑，极大地污染了网络生态环境，严重败坏社会风气，也损害了社会的和谐发展与经济建设。

（四）法律规范执法上的缺位和法制教育的缺失

正是由于网络世界的虚拟化、自由化，在法律规制不严的情况下，传统的监督和审查方式无法发挥作用。因而，这些情况导致了网络语言暴力大行其道，这些网络暴力实施者以匿名性的特征采用各种方式去攻击、诽谤和咒骂他人而逃脱法律的追责。虽然我国近年来也出台了《网络安全法》《互联网信息服务管理办法》和《互联网群组信息服务管理规定》等法律法规，虽然从法律上限制了网络传播的内容，并对网络违法侵权后所应承担的相关法律责任作了规定。但

〔1〕 林怡：“自媒体时代下的网络暴民”，载《传播与版权》2017年第8期。

是，在具体执行落实方面却显得有些不足，职能部门在行政执法中也存在重复监管或缺位监管等问题。此外，网络隐蔽性强这一特征使得很多人在利用互联网发表言论时极为随意，并且网络语言暴力行为的实际违法成本较低，这也促使人们在对自己言论难以追责的网络上施加网络语言暴力，导致自我约束力和道德责任感急剧弱化。

当前，互联网法制教育的缺失也是导致网络语言暴力形成的重要原因之一，国内教育体系中并未就互联网使用相关知识进行普及，这也使得很多网民即使接受过高等教育，但是其依然有可能成为网络语言暴力的发起者和传播者。由于互联网法制教育内容的缺失，很多网民对于网络语言暴力的性质无法有明确的认知，网络语言暴力行为的规制与根除也难以实现。

三、网络语言暴力的社会危害性

网络事实上是一个人们传递信息、共享资源，形成互动交流的平台。如果网络环境中总是充满污言秽语、谣言纠纷和谩骂攻击，社会处于一种网络暴力和非理性的状态之中，那么不仅会使人们丧失起码的道德感和正义感，而且会容易导致社会陷入暴力的恶性循环，不利于社会的和谐发展。

（一）网络语言暴力为网络暴民兴起推波助澜

如前文所述，网络暴民是利用暴力性、侮辱性的语言对事件及事件的当事人进行网络暴力攻击。我国互联网的兴盛发展时期恰逢中国社会经济的变革转型期，意识领域的强烈碰撞、心态的不平衡、恣意情绪的宣泄制造了一批又一批网络语言暴力主体。部分网民使用大量夸张、刺激、怪癖的语言，意在哗众取宠或进行纯粹性的宣泄。网络暴民的主体像前些年出现的不少微博大V，如“秦火火”“薛蛮子”“立二拆四”等，这些网络暴民以“和平”“理性”“仁义关爱”为旗帜，披露社会热点，爆料“生猛”消息，发布或扬言发布负面帖文；暴露个人隐私，无中生有地编造故事，恶意造谣抹黑中伤，使用渲染、煽动语词；他们以实现公平正义为策略，召集网民围观，挑动民众的不满情绪，进而非法攫取经济利益。可以说，网络语言暴力为网络暴民的兴起提供了前提条件，并且对社会的文明风气建设带来了极大的杀伤力。

（二）网络语言暴力对社会认知和心理结构的危害

网络语言暴力与物质性的暴力相较，更是一种心理上的摧残和践踏。心理学家拉康曾道：“无意识像语言那样构成。”[1] 他认为在心理和人格层面是话在讲人，而非人在讲话。可以发现语言对人尤其青少年心理结构和人格结构发挥着塑造功能，涵化理论的研究也表明，网络语言对青少年形成潜移默化的影响，它试图对青少年原有的社会认知、道德

〔1〕［法］拉康著，褚孝泉译：《拉康选集》，上海三联书店2001年版，第425～427页。

观念和心理结构进行改造，并产生负面影响。在一些网络语言暴力的谩骂语言中，如TNND（他奶奶的）、JR（贱人）、SJB（神经病）、SB（对别人的蔑称）、LR（烂人）、LJ（垃圾）、RY（人妖）、WBD（王八蛋）、NQS（你去死）等脏话脏词，由于青少年的社会认知能力和信息辨别能力较弱，很容易对一些陌生又含有低俗趣味的语词进行模仿和使用。久而久之，这些网络用语会深入青少年的心理，并在现实交往中表露出来。这不仅会严重影响网络文化的和谐发展，而且还会导致整个社会的认知结构与道德观念遭到扭曲与侵害，不利于精神文明的发展建设。

（三）网络语言暴力破坏社会人文生态和道德环境

如果说自然生态环境需要人们的预防与治理，那么在互联网时代里，社会人文生态和道德环境同样也需要管控预防。网络语言暴力给人文环境造成污染与破坏，其淡化了人们在现实中尚有所约束的道德感，扭曲人们的价值观和道德观。“网络暴民”在社交网络上的语言更是导致社会的道德伦理遭到严重的侵害。所以，在治理社会人文生态环境的过程中，不应采取先破坏后治理的策略，而是可以更好地采取相应的预防措施。虽然国家针对互联网管理出台了相关的法律法规，通过法律途径处理了一些网络暴民，维护了网络生态环境，但是其预防性工作的开展仍显滞后。

四、网络语言暴力的治理之策

针对网络语言暴力日趋严重的问题，可以从以下几个措施来强化规制网络语言暴力问题：

第一，应当加快并强化网络言论的立法与监管。我国《宪法》对社会言论自由有所规定，《宪法》第35条规定："中华人民共和国公民有言论、出版、集会、结社、游行、示威的自由。"第51条规定："中华人民共和国公民在行使自由和权力的时候，不得损害国家的、社会的、集体的利益和其他公民的合法的自由和权利。"可以发现，我国《宪法》虽对言论自由有所保护，但是其对于公民言论自由的规制略显模糊，公民在网络中行使网络言论自由时难免会对其他权利和社会公共利益产生肆意破坏的情况。

当然，近年来，我国在互联网领域也出台了不少法律法规，像《网络安全法》《最高人民法院、最高人民检察院关于办理利用信息网络实施诽谤等刑事案件适用法律若干问题的解释》《最高人民法院关于审理利用信息网络侵害人身权益民事纠纷案件适用法律若干问题的规定》《互联网群组信息服务管理规定》等，虽然在网络治理方面，我国从国家网络安全，到保障言论自由和打击网络侵权者都有所规定；但是在预防规制，以及针对新型网络侵权类型的立法工作上仍显滞后。所以，对于网络的立法和监管，应当紧跟科技发展，立足基本国情，借鉴国外有益经验，加大网络立法工作，并且还应当通过加强司法解释和行政部门的执行工作，一体两翼地完善对网络生态环境的治理与监管。

第二，深入推行网络实名制，运用法律净化网络环境。一方面，面对网络语言暴力，深入推行实名制，降低网络的匿名性，有利于强化网络监管部门对网络环境的管理，强化打击各种网络语言暴力行为，增加网络语言暴力行为的实际违法成本，还网络生态一个健康稳定的舆论环境；另一方面，也有利于加强政府职能部门有针对性地对网络违法行为进行打击规范，促使人们自觉遵守法律法规，也推动政府对社会舆论的正确引导和合理管控。

第三，提高民众道德文化素养，推动精神文明建设。互联网作为意见表达和交流的介质，不仅需要民众对其有使用操作能力，而且更应当提升自我的文化道德素养，在网络交流中能够理性、文明、健康地进行良性互动；此外，还应当提高自身的媒介素养和法律素养，主动自觉地学习接受网络安全知识、互联网法律法规和网络媒介素养教育，从个体层面上提升网民的综合素养。所以，倡导民众礼貌用语、掌握语言交际的得体性和礼貌原则，使民众在网络交流中也能够自觉遵守这些道德准则，尊重他人，尊重自我，自觉践行文明健康上网，推动整个社会的精神文明建设。

第四，加强行业内的自律与规范机制。目前，发达国家普遍重视推动本国网络行业的自我管理和行业自律；中国也可以在一定基础上加强对互联网行业的自律，调动互联网领域内的专业人士制定自律规范，强化互联网的自我治理功能，健全完善有效评价制约机制和互联网举报制度。

虽然目前网络语言暴力的问题仍有存在，并且也滋生“网络暴民”等相关现象。但是只要我们在网络言论自由的管制过程中，科学、合理地运用各种方法，政府、网络监管部门和司法部门能够合理协作，对网络语言暴力进行规制，进而就能为网络生态的和谐健康、社会的长治久安营造一个安全稳定的大环境。

参考文献

[1] 中国互联网协会编著:《互联网法律：“互联网+”时代的法治探索》，电子工业出版社2016年版。

[2] [美] 理查德·斯皮内洛著，李伦等译:《铁笼，还是乌托邦：互联网空间的道德与法律》，北京大学出版社2007年版。

[3] 王炎龙:《网络语言的传播与控制研究：兼论未成年人网络素养教育》，四川大学出版社2009年版。

[4] 林怡:“自媒体时代下的网络暴民”，载《传播与版权》2017年第8期。

[5] 金君俐:“网络语言暴力的成因和对策初探”，载

《新闻实践》2009 年第 4 期。

[6] 毛向樱:“网络语言暴力行为的治理之策”,载《人民论坛》2017 年第 2 期。

[7] 缪锌:“网络语言暴力形成原因透析”,载《人民论坛》2014 年第 35 期。

[8] 陈秀丽:“网络暴力现象内涵及原因分析”,载《成都大学学报(社会科学版)》2007 年第 5 期。

[9] 陈代波:“关于网络暴力概念的辨析”,载《湖北社会科学》2013 年第 6 期。

[10] 何炜炜:“网络语言暴力的侵权责任分析”,载《福建警察学院学报》2015 年第 3 期。

[11] 李宪玲:“网络语言暴力的成因分析及对策研究”华中师范大学 2010 年硕士学位论文。

[12] 邱业伟、纪丽娟:“网络语言暴力概念认知及其侵权责任构成要件”,载《西南大学学报(社会科学版)》2013 年第 1 期。

[13] 陈新宇:“微博语言暴力的类型及其影响”,载《新闻世界》2012 年第 11 期。

[14] 李川:“浅析网络新闻中语言暴力的问题及解决对策”,载《新闻知识》2011 年第 12 期。

网络隐喻与社会反抗

一、网络语言的社会反抗

随着现代网络技术的发展，互联网为人们提供了自由表达的平台，社会话语权已经从精英阶层悄然转移到了平民阶层。另外现代民主政治的发展使得广大群众参与政治和社会热点事件讨论的激情不断提高，要求自由表达意见和呼声的需求越来越强烈，然而传统的政府舆论管制并没有放松，在有重大公众事件和突发事件的时候，禁言、删帖的事情屡屡发生，民众的自由表达渠道得不到保障，但是对社会的不满和愤怒的情绪需要表达，这个时候，一种体现社会反抗的网络语言应运而生。

在网络语言中，我们会经常看到一些譬如“蚁族”“裸官”“绿茶婊”等充满愤懑、抱怨和不满的调侃语句。其中有些是针对突发公共事件，有些是针对关系民生的热点问题，有些则是针对政府和官员的不当行为。它们间接性地、委婉温和却又辛辣有力地表达了自己的不满，既能够体现反抗的情绪，又巧妙地逃避了网络舆论的管制。这些网络语言通过“拼贴”和“重构”形成自己专属的并且有别于大众文化的风格，利用“同构”达到精神体系的一致，即有一套共享的价值体系来使圈内人理解看似杂乱无章的语言，从而获得秩序上的共通。

根据符号学大师索绪尔和罗兰·巴尔特的观点称：“每个符号都是由一个‘能指’和一个‘所指’组成的。‘能指’指的是影像、物体或声音本身，也就是符号中具有物质形式的部分。‘所指’指的是能指所代表的概念、含义、内涵等。”[1] 社会精英阶层和统治阶级依据他们的意识形态构建了正统的、权威的符号体系，每一个概念都有其固定的内涵，并且把这些符号体系强加于民众，从而形成了我们如今的语言体系，也就是罗兰·巴尔特所述的“神话”。然而这些具有讽刺、反抗性质的网络语言虽然取材于日常语言，但是通过运用新奇的隐喻，不断修改符号和表意，打破原有的“能指”和“所指”，不管在形式上还是内容上都体现着对文化霸权的抵抗。

网民们喜欢在网络中使用这些具有抵抗意味的网络语言，原因不过有两种：一是发泄对权威的不满情绪，表达民间舆论的抵抗，这种权威可以是阶级权威、文化权威，它们都属于统治阶级；二是玩弄文本的娱乐心态，展现自我风采的表

---

〔1〕 刘富华、孙维张：《索绪尔与结构主义语言学》，吉林大学出版社 2003 年版，第 128 页。

演，寻找自我的亚文化自信，树立自己的文化身份、地位。[1] 为了达到这样的目的，网民们就会不断修改符号和表意，打乱传统语言的秩序和结构，通过“拼贴”和“重构”来建立自己的亚文化风格，从而在进行戏谑狂欢的同时达到群体之间的身份认同。

二、隐喻理论以及网络语言的“新隐喻”

（一）隐喻理论及“新隐喻”概述

西方亚里士多德最早提出隐喻的概念，认为隐喻仅仅是用一个词语代替另外一个词语表达同一种意思的一种同意替换，是不同寻常的语言，是诗意的想象和修辞多样性的一种策略。但是根据乔治·莱考夫和马克·约翰逊为代表的认知语言学的隐喻系统，他们认为隐喻在人们的日常语言和思维中无处不在，我们思想和行为所依据的概念系统本身是以隐喻为基础的。这就彻底地打破了传统语言学关于隐喻的理论，不再将隐喻视作外围兴趣的事，而是将隐喻看作是我们应该关心的中心问题，看作是充分阐释人类理解的关键。

乔治·莱考夫和马克·约翰逊在《我们赖以生存的隐喻》一书中阐述了隐喻的工作机制——映射理论。映射理论认为，隐喻有一个相对清晰的隐喻的始源域和一个结构相对

〔1〕 吴君：“抵抗与表演：‘吐槽文化’的传播研究”，兰州大学 2015 年硕士学位论文。

模糊的目标域构成，隐喻就是将始源域的图式结构映射到目标域之上，通过始源域作为本体，目标域作为喻体，其形成机制是两者的相似性。语言意义产生的根源在于对两个概念相似的认知，来源于认知领域的相似联想。[1] 比如“争论是战争”这一概念隐喻中，“争论”是始源域，“战争”就是将“争论”的图示结构映射到目标域的结果。此处“争论”是本体，“战争”是喻体，而将二者之间相互关联、相互理解的“节点”其实就是跨域关联的相似性。根据认知语言学的理解，这种相似性并不是任意的，也不是历史的偶然，是超越主观主义和客观主义的经验主义的理解，是在极大程度上由我们身体的共同性质和我们在日常世界中运作的共同方式所塑造的。也就是说这种相似性很多时候是以人的感官决定的，比如“向上的”似乎就是多于“向下的”，“好的”就是多于“坏的”。所以，乔治·莱考夫和马克·约翰逊在描述他们的映射理论时说：“当我们依据直接源自于我们与环境和在环境中互动而获得的经验完形而认为经验具有连贯的结构时，我们就是在直接理解经验。而当我们用一个经验域的完形来结构化另一个域的经验时，我们就是在隐喻式地理解经验。”[2]

---

〔1〕 常楠：“网络流行语中的隐喻现象研究”，山东大学2008年硕士学位论文。

〔2〕［美］乔治·莱考夫、马克·约翰逊著，何文忠译：《我们赖以生存的隐喻》，浙江大学出版社2015年版，第231页。

由此我们就可以理解认知语言学为什么把隐喻看作是理解世界的基础，是充分阐释人类理解的关键了。隐喻就是通过将始源域的已知目标根据自己经验理解的相似性投射到未知的目标域上，用我们已知的去理解未知的，用熟悉的去理解陌生的，从而形成人类根据已知知识去理解世界的方式。其实隐喻的这种工作机制也同样适用于网络语言，在网络环境中我们经常看到的怪诞、新奇、有趣的网络语言其实就是有别于我们日常隐喻的新隐喻。

隐喻总是凸显和隐藏了原有概念的一部分，使我们关注到他所使用隐喻的一部分，而未被使用的部分则经常会被遗忘。比如在“争论是战争”的这一概念隐喻中，可能关注了在激烈的争论中，我们全神贯注地攻击对手的观点，维护自己的立场，这就好像在战争中坚守自己的阵地，击溃敌军一样，但是这一概念系统忽视了争论中的合作成分。这些未被使用的部分是特异的、孤立的、非约定俗成的，但却是存在的，那些所谓的网络语言的新隐喻其实就是巧妙地将常规隐喻中被人们忽视的部分利用起来进行拓展，达到新奇的、耳目一新的隐喻效果。在乔治·莱考夫和马克·特纳所著的《不仅仅是冷静的理性》(More Than Cool Reason) 一书中就提到过，新的隐喻思想，即组织和理解经验的新方式，源自将简单的概念隐喻进行组合来形成复杂的新概念隐喻。所以，新隐喻并不神奇，他们并非无章可循，它们是通过运用日常生活隐喻思维工具以及其他普通概念机制构建的。

关于新隐喻，我们不能仅仅将其理解为人类理解世界的新的方式，像常规隐喻一样，新隐喻同样有能力去定义现实。在《我们赖以生存的隐喻》一书中就阐述过："新隐喻有创造一个新现实的力量。当我们按照隐喻开始理解我们的经验时，这种力量开始起作用；当我们按照它开始活动时，它就会变成一个更深刻的现实。如果新隐喻进入我们赖以活动的概念系统，它将改变由这个系统所产生的概念系统、知觉、活动。许多文化变革起因于新隐喻概念的引入和旧隐喻概念的消亡。"〔1〕 这也就是说新隐喻通过凸显常规隐喻所忽视的特点并隐藏常规隐喻所凸显的特点来重新定义现实，迫使我们关注它所突出的部分，接受它，并且信以为真。就像在网络语言中出现的新隐喻一样，我们开始看到它，注意到它，认为它表述得很有道理，接受了它，我们开始在日常语言中对有些新兴的网络语言加以运用，我们开始运用这种新隐喻的思维方式开始活动时，这个时候可以说新隐喻已经开始定义了现实。可以说我们关注到这些新隐喻是很容易的，但是用它来指导我们的日常生活确是不易的，因为我们许多无意识的日常活动都被旧隐喻掌控、建构，这是很难在短时间内改变和移除的。

---

〔1〕［美］乔治·莱考夫、马克·约翰逊著，何文忠译：《我们赖以生存的隐喻》，浙江大学出版社2015年版，第146页。

通过以上的分析，我们认识到在网络语言中的这些新隐喻与常规隐喻并没有本质上的区别，新隐喻在长期的使用中也会改变我们的思维方式，重新定义现实。当然这并不是一蹴而就的，需要经过长时间的磨合运用，会有一个语义泛化的过程，即词语的本意会逐渐退居幕后，隐喻意义在使用中被广泛接受，成为独立的存在，这时词义发生了转移，隐喻意义与原义构成了一个更庞大的义项群。我们可以把语义泛化的过程大致分为三个阶段：首先是比喻阶段。在这个阶段中，人们会把这种新隐喻看作是一种新奇的表达，使用者能够很清晰地感受到隐喻的存在，在注意到它时会努力通过隐喻回想到本意后加以理解。第二个阶段就是抽象化阶段，也就是说，两个语义领域中的互动频繁，使得这种原先看来很偶然、很“棒”的相似性形成了比较固定的关联。语义的边界经过反复使用的磨损而逐渐变得模糊了。这时原来用于一个领域的词开始尝试着多种跨领域的使用，使得词语的兼容性和灵活性大大增强，同时隐喻的特征也逐渐淡化。[1] 最后一个阶段即泛化阶段，使用者会习惯性地接受这种隐喻意义，或者说它已经从本意中脱离出来，成了一种可以独立使用的意义，此时它的使用范围和频率也会有很大的提高，实现网络语言与日常用语的互动。

---

〔1〕 常楠：“网络流行语中的隐喻现象研究”，山东大学2008年硕士学位论文。

（二）网络语言的“新隐喻”分析

在前面关于隐喻理论的描述中，我们提到过始源域和目标域相互关联的“节点”就是跨域关联的相似性，而且这种相似性在很大程度上都是由我们自身的经验决定的。那么我们在分析网络语言中这些新奇的“新隐喻”的构词方式，就必须把焦点放在这种引发隐喻联想的“节点”即本体与喻体之间的相似性基础上。这种相似性基础大致可以分为物理相似性和心理相似性，其中物理相似性又包括视觉感知（形似）和声音感知（谐音），心理相似性也就是根据创造性隐喻思维使旧词产生新解。在这里，视觉感知比较多地涉及网络表情和符号，与本文所要论述的网络语言不属于同一范畴，所以对视觉感知方面我们就不加以赘述。

1. 声音感知（谐音）

“谐音在网络中是扩展词汇的一个重要途径，读音的相同或相似也正是原范畴与目标范畴的关联点，于是看似杂乱无章的数字或英文字母就被赋予了新的意义，隐喻也就产生了。”[1] 在体现社会反抗的网络语言中，谐音作为从始源域投射到目标域的基础的例子就有许多，比如讽刺物价飞涨的“蒜你狠”“姜你军”“豆你玩”“煤超疯”“苹神马”等。还有像“砖家”“叫兽”“老湿”等讽刺学者夸夸其谈、冒充学

〔1〕 黄书芳：“隐喻与网络语言的形成”，载《黑龙江科技信息》2008 年第 16 期。

术权威、不学无术的网络语言，其实它们的本体就是“专家”“教授”“老师”，但是通过读音的相同进行关联，含义就会大不一样。另外像网络上曾一度流行的“压力山大”和“鸭梨山大”其本体就是人名“亚历山大”，用谐音表示现在的人们生活在大都市，压力像大山一样庞大，这样的隐喻在表达情绪的同时还十分搞笑和娱乐。此外还有针对社会某一阶段的热点事件，网民们也会运用谐音进行隐喻，发泄不满情绪，颇具戏谑讽刺的意味，比如针对富士康员工屡次跳楼的事件，就有“杨过为什么要跳崖？——父是康”这样的网络语言，其中“父是康”就是“富士康”的谐音，此处的读音相同就是投射的基础。类似的例子还有很多，比如关于日本核辐射导致国内盐荒的谣言四起的事件，就有网民写出一则对联，运用谐音表达反抗情绪“上联：日本是大核民族”，“下联：中国乃盐荒子孙”，“横批：有碘意思”。

2. 旧词新解

“旧词的新义离不开隐喻的思维方式，其实任何一种语言都不能没有隐喻。网络语言也是一样，它不可能无止境地增加新的词汇，而是要通过隐喻的思维方式，以已知喻未知，使旧的词汇具有新的意义。当然，隐喻利用一种概念表达另一种概念，需要这两种概念之间的相互关联，这种关联是客观事物在人的认识领域里的联想。”[1]

网络语言中有很多词汇、语句都是我们所熟知的，但是意义却发生了变化，其实它们无非就是借用传统语言中的成分，然后通过隐喻赋予其新的含义。比如像调侃猪肉涨价事件的“二师兄又涨价了”，初次接触可能还有些错愕，但是细想想看用“二师兄”映射猪肉，也是很有道理呢！再比如网民们抱怨房价飞涨、在大城市居无定所的生活就有“北漂”“蚁族”“蜗居”“房奴”等网络词汇，其中“漂”这一形容词原义有“漂浮”的意思，这里赋予新的含义，表示居无定所；“蚁”和“蜗”原来都是指昆虫，现在都用于隐喻低收入、劣居群体；“房奴”更不用说，用“奴”表示通过抵押贷款买房，导致生活质量下降，像奴才一样供着房子的情形。另外还有像描述不同女性的网络词汇，像“绿茶婊”“酱油婊”“农夫山泉婊”等，“绿茶”意味着清新、淡雅，但是“绿茶婊”就代表那些总是长发飘飘、清汤寡面、貌似素面朝天但暗地里化了妆，装出人畜无害、心碎了无痕、岁月静好的多病多灾模样，其实野心比谁都大的女人。“酱油”原本是调味品，在三亚海天盛筵事件曝光后，“海天”让人们联想到“海天酱油”，所以“酱油婊”就是指那些混迹各种派对、穿着时髦、打扮精致、跟大款做皮肉生意的女孩。

---

〔1〕 黄书芳：“隐喻与网络语言的形成”，载《黑龙江科技信息》2008 年第 16 期。

至于“农夫山泉婊”就是指像纯净水一样无色无味无污染，只要条件适合就可以瞬间变成各种婊，且技能秒杀一切。其实网民们用这些含有贬义的词汇来描述女性，就是为了抱怨现在的社会充斥着势利拜金的风气，缺乏真爱，通过贬低那些追求权贵的女性来取得一点心理上的安慰。

类似的例子还有很多，譬如表达对官员腐败情绪的“裸官”并不是指不穿衣服，而是用“裸”形象地比喻那些配偶已移居国（境）外或者没有配偶、子女均已移居国（境）外的国家工作人员。这样便于将腐败所得转移出境，一旦自己在国内出现什么风吹草动也容易迅速离开，即使外逃未成功，一人受过，也可保得家人安全富足。其实，这些网络语言的关键词部分都源自于传统语言，然后运用隐喻的思维方式扩大了其含义，并被广泛使用。但是运用隐喻的目的并不仅仅是乔治·莱考夫和马克·约翰逊所表述的用已知理解未知，用熟悉理解陌生，更大程度上可能就是要达到搞笑、娱乐、戏谑的目的，是一种抛弃实用性的娱乐化罢了。

三、网络语言中“新隐喻”的利弊分析

前面我们列举了许多体现社会反抗且具有娱乐、恶搞色彩的网络语言，而这些特性都可以运用伯明翰学派的亚文化反抗理论、巴赫金的狂欢理论来进行解释。这些理论认为这种反抗是“亚文化对主导文化、主流文化和霸权的抵抗，并

通过拼贴等手法形成自身特有的风格，但是由于青年亚文化的主体是阶级地位低下、经济条件有限的青年一代，所以更多的时候，他们对主文化的抵抗往往停留在表面，仅仅只是一种风格化、仪式化的抵抗。尽管这种仪式的抵抗并不会对统治阶级及支配文化造成关键性的冲击，但一旦触及统治阶级的利益，仍然会遭到规训和收编的命运。[1]”根据巴赫金的狂欢理论，这些体现社会反抗的网络语言具有狂欢的性质，目的在于营造出一个戏谑、娱乐的氛围，把网络作为一个狂欢的舞台，在伯明翰时的英雄式的抵抗过后，更多的是展现个人的表演，网民通过这种网络语言来表达草根情绪，但是网民们又无力摆脱现实的统治秩序，只能通过狂欢暂时忘记现实的生存法则，获得精神上的娱乐和放松。这种网络语言可以说是将愤懑隐藏在幽默之下，苦中作乐的调侃中隐含的仅仅是微弱的抵抗，在带来狂欢和娱乐的同时也在悄然改变着网络环境，带来诸多利益和弊端。

（一）正面意义

这些体现社会反抗的“新隐喻”虽然有些低俗和恶搞，但是我们不能否认它们的确是民众智慧与创意的成果，并且大众可以通过这种反抗性质的网络语言揭露社会丑恶，社会管理者可以从这些网络语言中窥探社会民意舆情，以便于作

---

〔1〕 王希：“边缘的抵抗，话语的狂欢——论中国青年亚文化语境下的网络恶搞现象”，四川外国语大学2011年硕士学位论文。

出更好的决策。

1. 有利于鼓励社会创意的发展

其实不只是我们本文所要讨论的体现社会反抗的网络隐喻，几乎所有的网络语言，不论是否低俗与否，都或多或少地体现着网民丰富的联想和十足的创意，在人们会心一笑的同时，也会反映出严峻的社会问题。比如，网民们描述北京的雾霾时，网民们套用泰戈尔《鱼和飞鸟的故事》的格式表述为“世界上最遥远的距离，是我在北京的街头牵着你的手，却看不见你”。再比如，反映三聚氰胺毒奶粉事件的“外国人喝牛奶结实了，中国人喝牛奶结石了”。类似的例子还有很多，足以展现网民们丰富的想象力。

2. 有利于揭露社会丑恶，有利于社会管理者体察舆情民意

这些网络语言大多数都是针对突发公共事件、重大媒体事件、社会道德争议事件、民生热点问题和政府、官员的不作为、不当行为的抨击。我国正处在社会转型的关键时期，各种矛盾丛生，社会不稳定因素太多，政治、经济、文化、社会等关系百姓切身利益的各个层面都有许多问题亟待解决。然而，现实生活中民众表达意见的正规诉求渠道障碍重重，社会弱势群体话语权缺失，言论自由无法得到保障，但是在网络这个模糊了身份的虚拟环境中，畅所欲言的机会就会大得多，虽然也有禁言和删帖的事情发生，自由度相比于现实

社会还是很高的。所以，网民会通过各种富有创意的、搞怪的网络语言来表达情绪，说出平时不敢说的话，不管是单纯的娱乐搞笑还是真正要反映的社会问题，这些体现社会反抗的网络语言在客观上都有利于揭露社会丑恶的一面，起到舆论监督的作用。正是如此，社会管理者如果能够利用好这些网络语言，就可以在关注网络语言动态的同时从中发现社会发展中存在的问题，掌握社会心理变化的趋势，才能够及时作出行动顺应民情民意。社会管理者更应该通过网络建立政府于网民的交流沟通沟通平台，畅通各种诉求渠道，保证公民的各种意见能够得到处理和回应。

3. 有利于缓冲社会戾气、促进思想的多元化

现在的人们在面对就业压力、就学压力、住房、医疗、食品卫生等方面的问题，在心中都积存了许多怨气，在网络环境中，网民们针对社会热点事件，通过吐槽、恶搞等方式发泄这种不满，互相之间进行倾诉，也不失为一种很好的排解愤懑的方式。这样虽然不能从根本上解决问题，但至少可以缓和社会戾气，避免暴力事件的发生，伯明翰学派将这种方式成为“想象性解决”。另外，这种体现社会反抗的网络隐喻处处体现着对文化霸权、对权威、对精英的抵抗，这是一种思想上的反霸权斗争，反对社会统治阶级主流文化的思想舆论控制。我们的社会有时需要这种斗争，毕竟舆论的“一边倒”并不利于社会的发展，思想的多元性才能够促进

社会的进步和人类文明的发展进程。

（二）负面意义

1. 过度娱乐化会削弱抵抗性

尽管这些戏谑的网络语言具有反抗主流文化的特性，但是它们也非常容易滑向娱乐的深渊，人们仅仅关注于搞笑和八卦，使人们逐渐丧失理性思考的能力，从关注事件本身转换成为娱乐的附庸。体现社会反抗的网络隐喻具有娱乐性，其本身并不是件坏事，但是这种娱乐也要服务于严肃的目的，一旦偏离了事件和民意本身，反而会失去抵抗色彩，有时还会侵害到事件当事人的正当权益，不具有任何实际意义。所以娱乐也要有适当性，警惕娱乐化的无限扩大，避免这种有意义的网络隐喻成为网络段子手自我表演、享受的工具，成为网民过度狂欢的舞台。

2. 碎片化带来的文化完整性的破坏

网络语言表现出碎片化、多元化、缺乏中心、反对权威等特质，颠覆了传统文本的形式，逐渐丧失传统语言的美感和表意的完整性，会对原有的汉语语言系统造成严重破坏，同样也不利于青少年对母语的学习以及汉语语言文化的传播。“这种文本为网络的快速传播服务，却也留下了文化的隐忧，很多人担心个体和社会文化都将变得碎片化，我们不再具备完整的思维能力，而只会用只言片语表达意思，然后整个社会的文化也没有完整的形式，我们只在模仿和破坏文本，却鲜有创造完整、精妙文本的能力。”[1]

3. 快感文化影响下网络文明的缺失

在网络环境下身份被模糊化，在这种可以畅所欲言的场景中，网民们在表达反抗时往往会不受控制地使用过激的语言，在这种人人都是陌生人的情况下，甚至会用粗俗的词语来恶意中伤他人，故意编造、扭曲事实诬陷他人的情形也不在少数。有时网民们还会用一些暗示性的色情话语挑逗人们的神经，挑战着公共道德底线，另一种网络暴力愈演愈烈。虽然说在一个世俗社会中使用世俗的语言很正常，但是刻意使用低俗、淫秽语言抹黑他人的行为却很不正常，这些具有抵抗色彩的网络隐喻越来越变成一个无道德、无底线，充满人身攻击嫌疑的重灾区。每一件热点事件发生后，吐槽、恶搞如潮水般地倾泻而来，人们疯狂玩弄文本，故意作秀，篡改事实，有时候也容易造成盲目反抗，甚至煽动情绪。

四、关于反抗性网络语言规范的一些启发

前文主要依据隐喻理论对反抗性网络语言从隐喻的角度进行了分析，也看到了这些反抗性网络隐喻的正面意义和负面意义，所以，如何引导其向健康、合理的方向发展是一个紧迫而又现实的问题。笔者从隐喻的角度得到一些关于反抗

---

〔1〕 吴君：“抵抗与表演：‘吐槽文化’的传播研究”，兰州大学 2015 年硕士学位论文。

性网络语言规范问题的一些启发，但是并不是想要提出什么具体的、系统的解决方案，而仅仅是提出一个思路，因为具体的措施需要相关的技术支持。

目前的网络语言的审查方式还主要是通过关键字过滤来进行的，这种方式很符合迈克·雷迪所称的“管道隐喻”。所谓的“管道隐喻”就是认为思想是物体，语言表达式容器，交流是发送信息，说话者把思想放进语言的容器中，并（顺着管道）传送给听者，而听者会从语言中提取思想，获得意思。这种“管道隐喻”存在的前提是词汇、句子本身具有情境和说话者的独立意义，但事实往往并非如此，语言是不能够独立于情境和说话者存在的，同样的语句在不同的情境下，其意义可能会大不一样。所以乔治·莱考夫和马克·约翰逊在《我们赖以生存的隐喻》一书中表明，意义几乎从来都不是根据“管道隐喻”来传达的，而是协商得来的。在交流中，尤其是在交流彼此之间并不熟悉的内容（非共享经验）时，隐喻会起到至关重要的作用，即通过隐喻来理解对方——自己未知的世界，这需要交谈者的耐心、灵活性、仁爱和运气。所以“管道隐喻”被大规模应用是存在漏洞的，比如这种关键字过滤法运用在政府监控或电脑文件中，在这些地方，可能对于理解至关重要的东西并未被包含进去，可能会导致误解、迫害甚至更糟糕的事情。

所以说用这种关键字过滤的方式来进行网络语言的规范

性审查是存在很大漏洞的，关于如何解决这个问题，笔者想从认知语言学的隐喻系统的角度提出一点思路。这点思路的来源就在于隐喻的系统性，所谓隐喻的系统性就是在我们用始源域的概念去理解目标域的概念的时候，始源域的某些概念要素就会影响到目标域的概念，形成两个相互联系的系统。比如在《我们赖以生存的隐喻》一书中就举出了一个“时间就是金钱”的例子，在这一隐喻概念中，我们用金钱来理解事件，那么关于金钱的一些要素就会被运用到时间上去，就会出现类似的“浪费时间”“消耗时间”“花了很多时间”“省时间”“好好利用时间”等表述，因为金钱可以被浪费、消耗、花光、节省、利用，所以这些词语都可以用来修饰时间，这就是隐喻的系统性。试想一下，如果我们可以利用这种系统性来设置网络隐喻的审查目标，是不是可以在一定程度上克服单纯的关键词过滤的局限性？当然这种方式需要更弹性的过滤法，可能不像关键词过滤那样只要出现某些字词就立即枪毙，这种利用隐喻的系统性方法会需要多层过滤法，在满足多个条件之后才考虑屏蔽。

当然，以上只是个人的一点设想，如若真正应用还需要相应的技术支持，这点设想肯定还会有许多不实际和圆满的地方，因为网络语言的审查是一项庞大的国家工程，需要从各个学科领域和层面进行考量，这仅仅是从隐喻角度出发提出自己的可供参考的一些思路。

结语

反抗性网络隐喻作为一种网络环境中的“新隐喻”，作为反抗权威、反抗文化霸权的一种途径，具有明显的狂欢、戏谑、娱乐的性质。从隐喻的角度来看，其实它们又和常规隐喻没有本质上的区别，只是将寻常隐喻所隐藏的那部分特异的、孤立的、不经常使用的经验放大化并加以运用，形成一种奇妙的拓展效果，令人耳目一新。仔细发掘这些反抗性网络隐喻，我们不难发现它们的相似性基础，也就是从始源域投射到目标域的基础，本文把它们分为了物理相似性和心理相似性，从中可以看出隐喻无非就是根据人类的身体经验，用已知隐喻未知，用熟悉隐喻陌生的理解方式。这种奇特的网络语言在网络环境中体现着网民们的创意，那些针对热点事件的反抗也有利于公民更好地实现舆论监督，有利于政府体察民情，但是也产生了许多弊端，其中最重要的就是这些反抗性网络隐喻作为另一种网络暴力愈发难以遏制，其不断冲击着网络秩序。

为了保障反抗性网络隐喻在网络中被合理应用、健康发展，完善的网络审查也就成了我们关注的焦点。针对目前我们广泛运用的关键词过滤法，我们根据经验主义的观点，认为交流者要表达的意义并不能完全通过“管道”运输到达接受者，而是需要通过交流者运用隐喻的思维方式理解对方的

“非共享经验”。所以我们传统的关键词过滤法存在漏洞，针对这一问题，笔者提出了用隐喻的系统性对过滤法进行完善的思路，尽管该思路很简单，但是还是希望能对未来完善网络语言审查的研究提供一个有意义的参考。

参考文献

［1］乔治·莱考夫、马克·约翰逊著，何文忠译：《我们赖以生存的隐喻》，浙江大学出版社 2015 年版。

［2］［俄］米巴赫金著，佟景韩译：《巴赫金文论选》，中国社会科学出版社 1996 年版。

［3］［法］罗兰·巴尔特著，孙乃修译：《符号帝国》，商务印书馆 1994 年版。

［4］刘富华、孙维张：《索绪尔与结构主义语言学》，吉林大学出版社 2003 年版。

［5］束定芳：《隐喻学研究》，上海外语教育出版社 2000 年版。

［6］吴君：“抵抗与表演：‘吐槽文化’的传播研究”，兰州大学 2015 年硕士学位论文。

［7］常楠：“网络流行语中的隐喻现象研究”，山东大学 2008 年硕士学位论文。

［8］黄书芳：“隐喻与网络语言的形成”，载《黑龙江科技信息》2008 年第 16 期。

［9］王希："边缘的抵抗，话语的狂欢——论中国青年亚文化语境下的网络恶搞现象"，四川外国语大学2011年硕士学位论文。

［10］舒海英："论隐喻及隐喻思维"，黑龙江大学2005年硕士学位论文。

［11］刘丽："网络语言中隐喻现象的研究"，载《长春师范学院学报》2004年第7期。

［12］寇嘉慧："网络流行语的社会心理反映研究"，辽宁大学2012年硕士学位论文。

［13］段婧："抵抗与狂欢——《屌丝播报》的网络亚文化研究"，陕西师范大学2014年硕士学位论文。

［14］宁珊珊："亚文化视域下的中国网络流行语研究"，吉首大学2013年硕士学位论文。

净化网络环境是规范网络语言的前提和方向

语言作为一种特殊的社会现象，其演变与发展和时代密切相关。目前我们正身处高度网络化时代，作为网络文化的一种表现形式，网络语言应运而生，"肿么了""有木有""雷到了""神马都是浮云"等语词层出不穷，扑面而来。这些在网络聊天室和网上论坛中网民沟通交流所使用的特殊信息符号，在网络交流中广泛流传。一方面，网络语言不受传统语言学语音、语用、语法、语义等规定的束缚和限制，其无所顾忌，显示了网民无穷的想象力和惊人的创造力；另一方面，网络语言毕竟属于非正式语言，处于不稳定状态，同时网络语言暴力现象也不容小觑。

虽然说存在即是合理的，但任何事物都有两面性。网络语言纷繁复杂，既有生动活泼有趣便捷的一面，也有晦涩难懂低俗粗鄙的一面。如果任其发展，不管不理，恐怕后果堪忧。因为虚拟的网络世界是现实世界的延伸，网络语言中出现的怪字、错字、别字，甚至是一些病句，一堆乱码等泛滥，它们会对使用传统规范语言造成严重的负面影响，影响到现实的社会生态，甚至触及法律底线。

近期，人民网舆情研究室就发布了网络低俗粗鄙语言的报告，指出网络低俗语言的使用现象主要有三类：一是以情绪发泄为目的的网络谩骂，二是以恶意中伤为手段的语言暴力，三是以粗鄙低俗为个性的网民表达。〔1〕

诚然，网络表达非法外之地，网络语言的使用理所当然要有一定的边界。〔2〕针对网络语言屡屡侵犯现实社会的现

〔1〕“人民网舆情监测室发布《网络低俗语言调查报告》”，载 http：//yuqing.people.com.cn/n/2015/0602/c392404－27093108.html，20150602.

〔2〕何晶、周荐：“在网络词语大爆炸时代，请‘敬惜字纸’——澳门理工学院教授、南开大学词汇学与词典学研究中心主任、全国语言文字标准化技术委员会汉语语汇分会主任委员周荐专访”，载《羊城晚报—人文周刊》。

象，有关部门也相继出台了一些措施。比如2014年11月27日，国家新闻出版广电总局发出相关通知，要求各类广播电视节目和广告应严格按照规范写法和标准含义使用国家通用语言文字的字、词、短语、成语等，不得随意更换文字、变动结构或曲解内涵，不得在成语中随意插入网络语言或外国语言文字，不得使用或介绍根据网络语言、仿照成语形式生造的词语，如“十动然拒”“人艰不拆”等。一些地方相关部门也出台了类似的规定。另据郑州日报报道：河南规定机关公文和教科书禁用“坑爹”等网络语言，而新闻报道除报道需要外，不得使用不符合现代汉语词汇和语法规范的网络词汇。网络流行语被限制使用，如上海新规规定：如果在上海的政府文件、教科书和新闻报道中出现诸如“美眉”“恐龙”“PK”“粉丝”等网络流行语言，将被判定为违法行为。

针对举世瞩目的高考，教育部考试中心曾对全国高考大纲解释说，不完全拒绝网络语言。这意味着，在网络语言非规范之前，高考可以对网络语设限，但并没有采用划“红线”一律予以杜绝的方式。而是采用了最科学、最人性化的做法，提醒考生慎用生造、冷僻、不健康的网络语言。

当然这样的“禁止”“限定”等措施更像是一种权宜之计，很难真正收到规范、净化语言的效用。众所周知，网络媒介是网络语言产生的平台，网络媒介的最大特点是开放性、虚拟性、平等性和自由性，在这种自由平等开放的虚拟空间，层次素质参差不齐的网民语言潜能被激发出来，网络语言中的火星文，让人如坠入云雾，而低俗不文明之表达尤其遭人诟病。首先受到冲击的是网络秩序，网络大环境遭到侵蚀。究其根源，社会在飞速发展过程中，社会矛盾也日益暴露和加剧，如果长期得不到有效的解决，必然带来很多社会问题，极大败坏社会风气。实际情况是很大程度上人们把现实社会中看到、听到或遇到的不满、愤恨、怨气、苦闷彷徨等不良心态带到网络中来，在虚拟的空间里肆无忌惮地尽情发挥，把网络当成了抒发个人情感，甚或是发泄私愤的平台，进而也体现在网络语言表达中。因此，净化网络用语，除了网民自我约束，遵循公序良俗，守住文化底线之外，关键还在于标本兼治，弘扬正气，消除社会戾气，避免社会不公，尊重话语权力。

正如专家任遂虎语："网络语言的确有自我净化机制，以及社会选择认同的过程。在这个过程中，我们需要作分析、判断和引导，这是十分必要的。"[1] 网络语言要想成为现代语言体系的有益补充，势必要对其进行管理，而管理即是规范。正确理解规范非常必要，规范重在引导而非限制和束缚，规范不是一刀切，不能管死。笔者认为，从净化网络环境入

〔1〕 张薇："网络语言盛行：'新意迭出'还是'汉语危机'"（本文为互联网时代国家通用语言文字的规范使用系列报道之一），载 http：//news. gmw. cn/2014 - 12/30/content_ 14333663_ 2. htm，20141230.

手，坚持适当适度性策略，调动网络各方的力量参与其中，营造一个健康文明的网络环境，让网络语言有一个良好的发展发挥的土壤，再逐渐将这些网络语言引入正途，才能让网络语言在现代汉语共赢共存。

净化网络语言首先要净化网络环境，整治不符合社会道德标准的网络心态，以及在这些不良心态中产生的网络语言。这需要网络各方全员参与，齐抓共管。纵观各国网络环境管理的经验表明，对网络信息所涉各方和所涉内容，其管理手段过严或过宽都不利于网络信息管理目标的实现。鉴于网络语言管理的特殊性，一味采用“硬”手段会压制网民的激情和创新性。法律手段的使用应做到不妨碍创新，不侵犯网民隐私为原则。而放任自流、一味宽容，势必会对传统文化冲击很大，对现代青少年的成长发展造成很大影响，造成生活中沟通不通畅等种种弊端。所以，“软硬兼施”，遵循多主体利益平衡，注意把握尺度，采取协调的软性管理，不啻为一种科学管理的明智态度。[1] 网络信息管理所涉各方为网民、媒体、网络民间组织及政府部门等。所谓软性管理就是不以政府的“硬性”规定为主导，而是强调自律和以技术、法律协调为主的适度管理。[2] 即在政府积极引导下，让网络各方

〔1〕 王云、朱亚峰：“网络信息管理视域下的网络语言规范模式研究”，载《情报探索》2016 年第 7 期。

〔2〕 石萌萌：“美国网络信息管理模式探析”，载《国际新闻界》2009 年第 7 期。

都积极参与其中，并分工合作，各自发挥应有的作用。

对网民个人而言，在追求自由权利的同时，要加强道德自律和自身修养，自觉维护网络空间秩序，在网络交流和使用中不仅不“创制”并杜绝使用而且也不传播粗俗侮辱等不文明用语。要认识到文化传承性决定了我们不可能丢弃“正宗”的语言，对待现代汉语要有敬畏心，在表达上要有界限感，不能触及法律底线。

对于媒体而言，无论是传统媒体还是网络媒体在净化网络环境、规范网络语言中发挥不可替代的作用。特别是国家的主流媒体，更要以身作则，充分发挥媒体的示范作用和舆论监督作用。针对网络语言愈演愈烈的趋势，光明日报就刊发过评论文章《公民网络用语亟须强化规范意识》，指出媒体在社会语言文字应用环境建设中起着自身示范和舆论监督的作用，可在报刊、广播、电视、网络上开辟专门的宣传窗口宣传规范的语言文字知识。新闻稿从标题到语句、从用字选词到语法语用都必须严格遵守并达到国家语言文字的规范要求，这样才能使读者在阅读、收听、观看新闻媒体的传播内容时得到积极的、正确的、规范的语言文字的引导。同时，要重视发挥新闻媒体的舆论监督作用，可以开设专门的栏目或节目，适时报道公共服务行业、公共设施、网络用语用字的情况，提升大众的语言文字规范意识。[1]

权威部门的引导示范监督作用不可或缺。网络虚拟空间并非无政府状态，政府监管不可缺位。对于在网络环境下产生的网络语言，各级政府及其相关部门要充分认识语言文字应用环境建设的重要性，在全社会营造“说规范话、写规范字、用规范语”的良好氛围，调动各方力量参与其中，从改善我国语言文字使用的现实风气入手，从网下影响到网上。[2]

事实上，相关部门早已远见卓识地开展规范网络语言的基础性工作。2005年，教育部语言文字信息管理司和国内一些高校联合建设了国家语言资源监测与研究中心，利用技术手段，对下载的语料进行自动分析、筛选、统计，观察分析语言现象的动态变化，建立超大规模的网络媒体动态语料库，并定期发布观察分析结果。教育部、国家语言文字委员会已连续十年发布年度中国语言生活状况报告，在这份官方报告中定期发布年度网络流行语（在网络上流行的语言，是网民们约定俗成的表达方式）。语料库的主要用途之一，就是为词典编纂和制定语言文字规范和标准服务。[3] 据报道，不少有

---

〔1〕 张颖炜：“公民网络用语亟须强化规范意识”，载 http：//news. gmw. cn/2014－12/30/content_ 14333557. htm，20141230.

〔2〕 张颖炜：“公民网络用语亟须强化规范意识”，载 http：//news. gmw. cn/2014－12/30/content_ 14333557. htm，20141230.

〔3〕 张静：“国家‘语料库’全解析”，载《瞭望东方周刊》2012年第32期。

影响力的字词典为便于大家知晓网络语言的含义，都先后将网络语言收录其中，比如新版的《新英汉小词典》第四版中收入“人肉搜索（cyber manhunt）”“网络警察（cyber police）”等生动勾勒时代气息的网络流行语。[1] 诸如此类的做法无疑增进了大众对网络语言的逐步了解和认可，为规范网络语言起着潜移默化积极作用，为网络语言走向更广阔的空间提供了有效通道。

网络行业协会等民间团体在维护网络秩序中的作用不可小觑。如果强行立法规定网络语言“见光死”等种种限制，会引起广大网民的极大反感、也有可能会侵犯网民隐私权。网络行业协会的非官方身份，以发布公约、宣言等多种形式开展工作，其所作所为容易在协会的每个成员中产生共鸣。协会比如中国互联网协会的《中国互联网行业自律公约》《文明上网自律公约》，北京网络媒体协会的《北京网络媒体行业自律公约》，共青团北京市委与北京市学联共同发布的《首都大学生网络使用自律公约》等号召互联网从业者和广大网民从自身做起，自觉遵纪守法，倡导社会公德，促进绿色网络建设，摒弃消极颓废，促进网络文明健康发展。行业协会等民间组织要充分利用其有利地位，发挥桥梁纽带作用，在行业内部对网络语言实行协同监管。

---

〔1〕 刘婷：“《新英汉小词典》收入‘人肉搜索’”，载《北京晨报》2016 年 7 月 8 日。

各级政府依法行事，网络行业协会起带头模范作用，网民加强自身修养，自觉自律文明上网，各级媒介特别是网络媒介要带头规范地使用现代汉语，积极传播规范使用网络语言的理念，为提升全民族的网络语言素养提供媒介平台。各级政府监管部门也应发挥好监督作用，要从源头上管理和监控各种不良语言的网上传播，铲除其土壤，完善网络不文明语言的标准和衡量细则，为网民创造良好的网络空间及洁净的交流平台。只有各方各司其职，建立起良好的互动机制，通过政府或社会组织有目的、有组织地干预和管理，从而解决当今社会语言交际中出现的新问题。

总而言之，对待网络语言规范问题不能头疼医头，脚疼医脚，要学中医辨证疗法，从改善网络大环境入手，调动网络各方力量，共同维护虚拟空间秩序，从根本上祛除网络脏话产生的土壤，让网络及网络语言朝着健康文明的方向发展，为网络语言最终走向规范创造良好的条件。

网络语言的规范与引导

网络语言的特征及其语用规范化

一、网络语言的语用特征

信息技术的蓬勃发展使得人们在传统信息交流渠道之外又多了一种新的沟通媒介——互联网，互联网不仅仅是作为一种人际交流过程中信息传播的通道，更由于互联网所具备的信息传播快速性与便捷性的特点，使得在其上传播的语言信息发展出了自身的一些新特点，甚至导致了网络语言这样一种新型语言形式的产生。李星辉在《网络文学语言论》中给狭义的网络语言下的定义是："网民们在网络交流这种新兴文化中所使用的新语言，即在聊天室和 BBS 上常用的词语和符号。”可以将网络语言的概念界定为，网络语言是由网民所创造，借由互联网媒介传播的能够鲜明表达情感并快捷传递信息的语言系统。[1] 虽然网络语言发展历程较短，但是作为一种新发展而成的语言形式，天然具备自身非常鲜明的特色。

（一）简洁性

网络语言虽然是在网络中网民交流过程中所使用的书面语言，但与一般现实中的书面语言不大相同的是，网络语言在使用中具有极强的简洁性。网络语言的简洁性特点是与网络语言的兴起过程密不可分的，网络语言最初开始广泛使用的背景是源于2000年初，那时聊天软件以及网络聊天室开始走入网民视野，“网聊”一时间成了网民热议的话题，那时每个网民都像是互联网汪洋大海里的一座孤岛，迫切地向往与孤岛之外的世界建立联系，与这种热切的盼望所形成反差的是，受限于键盘的输入限制，网民之间的沟通交流显得有些烦琐，于是通过对日常书面语进行简化，通过几个简单的字或者短语便可以完整地表达日常用语的一句话或者一段话含义的网络语言便应运而生了。譬如“高大上”这个网络词语，便是“高端”“大气”“上档次”三个词语的缩写，仅仅使用“高大上”一个词语便可以完整地表述三个词语的含

〔1〕 陈冰清：“论网络语言的语用原则”，载《考试周刊（下卷）》2009年第28期。

义，既节约时间，又方便交流。当前移动互联网环境下大众使用网络呈现出一种碎片化的倾向，网络语言的简洁化表述背后所蕴含的丰富含义的特质非常契合当下网络交流的趋势，同时简洁化的网络流行语言降低了人与人之间的沟通成本，大大加快了信息沟通的速度，满足了快速化沟通的需求。[1]

（二）趣味性

网络交流与现实交流的不同之处在于网络交流具有一定的虚拟性，现实当中人们在交流时或多或少地要受到自己的社会地位、性别与身份的限制，而网络交际存在一定的虚拟性，无疑使得人们不再受到传统身份和地位的拘束，网民个性可以得到更大程度的张扬与发挥，而个性化、有趣化的网络语言的使用无疑会增加网民自己的辨识度，利于个性张扬。[2] 而从语用学的角度来分析，诙谐而富有趣味的语言表达，明显会增强双方交流的效果。因此，网民在交流时会倾向于使用有趣幽默的语言，甚至不惜自己去发明创造一些有趣的网络语言。纵观网络语言的发展，真正得到大范围、持续传播的网络语言往往都是十分有趣的。例如“女汉子”一词的出现，非常具有突破性，因为在大多数人的传统认知范围内，“汉子”一词多是与“男性”联系在一起的，而当

〔1〕 丁钰倩：“网络语言在综艺节目字幕翻译中的应用——以《厨艺大师》第七季为例”，载《海外英语》2017 年第 6 期。

〔2〕 岳瑞玲：“网络语言之语用分析”，载《语文学刊》2011 年第 8 期。

"女性"与"汉子"联系在一起时，会让读者觉得非常奇特并且相当有趣，不禁让人印象深刻。[1] 同样有趣的还有"人丑就要多读书""我读书少你不要骗我"等，当网民在使用这些有趣的网络语言时，一方面标明了自己的幽默感，另一方面也在轻松幽默中拉近了网民之间的距离，可谓一举两得。

（三）杂糅性

网络语言产生于各种文化相互碰撞、交流、融合的网络环境中，其本身也会融合多种语言的特点。[2] 一方面，网络语言会夹杂大量的日常口语在里面，甚至有些方言也会在网络语言当中体现。比如近年网络上非常流行的"有木有"，其实是黄河中下游地区经常使用的方言，随着网络的普及，很多普通人也有了在公共领域言论表达的平台，才使得这类方言进入大众视野，进而发展流行成了网络语言。另一方面，英语作为一种全球语言，也是被网民所普遍使用的，在中外文化交流碰撞过程中，很多英语也逐渐发展成了网络语言，比如"low"用来形容"低级、低端"，"high"用来形容"心情大好"。一定程度上这种融合是有利于文化的多元化的。但是这种杂糅也具有非常大的局限性，破坏了一种语言的整体感，使得语言系统变得支离破碎。汉子属于象形字，有自己

〔1〕 刘晓萍："'女汉子'与'女子汉'：火与冰——元语言视角的解读"，载《山东女子学院学报》2016年第4期。

〔2〕 张璐："从语用角度试析网络语言的特点及其规范化"，载《安徽文学（下半月）》2008年第5期。

的造字造词规律，而英语是使用词根、词缀的固定搭配所组合出来的，但是网络语言的组成往往具有随意性，不具有一般的构词规律，单从字面上有时难以识别其含义，尤其是火星文，汉字英文符号数字杂糅在一起，其含义让人难以琢磨，在沟通时使用此类语言会大大降低沟通效率，极易产生误解，语用效果很差。

二、网络语言对语用原则的挑战

我们期望通过语言来达成良好的交际效果，就要遵守约定俗成的语用原则，无论是日常用语还是产生于网络的网络语言都不例外。况且在网络用语日益进入到日常用语的今天，网络用语若想实现持续化的发展，就必须遵守相关的原则，如合作原则、礼貌原则等，[1] 但是由于网络语言具有简洁性、有趣性、杂糅性的特点，在使用中一定程度上会冲击到语用原则，但这些对语用原则的突破，往往会带来特殊的交际效果。

（一）网络语言对合作原则的突破

依据 Grice 的合作原则理论，在人与人之间的语言交流过程中，会话总是带有表露一定信息的意图，而不会是单纯的

〔1〕 苏一凡、王秀容："网络语言对语用学原则的挑战"，载《中国矿业大学学报（社会科学版）》2006 年第 3 期。

词句的堆积。[1] 从信息处理的角度来看，说话人所陈述的话语之间总是彼此联系的，这些话语服务于一定的交际目的。在交际中，人们都怀着一个共同的愿望：双方的话语都能相互理解、相互配合，因此为了保证会话等言语交际的顺利进行，交际双方必须共同遵守某些基本原则，即合作原则。[2] 合作原则包括四条准则：质准则、量准则、关系准则、方式准则。质准则强调的是话语或信息的真实性，即要求说话人提供真实信息。量准则强调的是话语的信息量是交际所需的，即提供的话语信息应不多也不少。关系准则强调的是交际中双方所提供的信息是否与交际相关。而方式准则强调的是交际中所提供的话语或者信息是否清楚明白。[3] 即使在网络交流中我们也应该遵循合作原则，才能达成更好的交流效果，但是很多网络恰恰是通过对合作项下的某个准则的突破来获得更加显著的交际效果。

去年在新媒体上非常火爆的“吃土”一词，其实从语用学角度分析是违反了质准则的，很明显“吃土”并不是真实发生的，是虚构的，但恰恰这种对准则的刻意违反，却达到了意想不到的传播效果，非常准确地描述了在疯狂购物之后，

---

〔1〕 王业坤：“浅谈中国法律语言学研究的方法问题——以‘法学和语用学相结合’的研究方法为参照”，载《研究生法学》2013 年第 5 期。

〔2〕 冉永平：《语用学：现象与分析》，北京大学出版社 2006 年版，第 55 页。

〔3〕 廖运全：“语境在会话含义分析中的地位和作用”，载《理论前沿》2017 年第 9 期。

囊中羞涩的困窘感，能达到很好的交际效果。网络语言具有简洁性的特征，它所具备的这种特性导致对于量准则的违反几乎不停地发生，“躺枪”一词形容自己什么都没做却被牵连到，但是由于该词过于简洁，除非交际双方都具备一些共同的背景信息，否则该词所包含的词汇信息是低于交际所必需的信息的。违反合作原则下某个准则的例子不胜枚举，网络语言作为一种新兴的语言形式，往往更加在意语用效果，而这种对于传播效果的追求往往会带来对合作原则的突破。

（二）网络语言对礼貌原则的挑战

为了达成人际交流更加顺畅的目标，我们除了要遵守合作原则外，还需要遵守礼貌原则，因为礼貌不仅是文明社会的产物，更是保证社会和谐的润滑剂。礼貌原则包括得体准则、慷慨准则、赞誉准则、谦逊准则、一致准则和同情准则。[1] 礼貌原则的内涵非常丰富，但其核心的含义在于与他人沟通时将那些听起来不礼貌，让人产生不适感的话语尽量去掉或者婉转地表达出来。但网络语言通常并非如此，一方面，采用委婉的话语进行表达势必要增加话语的长度，这点与网络语言本身具有简洁性、追求沟通速度相违背。另一方面，网络语言的使用者多数是网民，网民身份具有隐匿性与不可识别性，因此在表达观点时往往比较直接，并不会刻意

---

〔1〕 冉永平：《语用学：现象与分析》，北京大学出版社2006年版，第62～67页。

去讨好对方，因此网络语言的以上两点特性十分容易冲击到礼貌原则，对礼貌原则形成挑战。

三、语用学视角下对网络语言的规范

网络语言作为一种新兴的语言方式，还处在飞速发展的过程当中，虽有其不完善之处，但对于网络语言本身我们还是应该持有一种包容的态度，而不应该一味地去否定，去打压。网络语言不同于日常语言，它的使用范围是小于日常语言的，日常语言既可以在现实生活中广泛使用，也可以在虚拟的网络环境中使用，而网络语言在现实生活中使用较少，更多的是在网络环境当中使用。基于这一前提，我们发现，很多网络用语所出现的语用问题并不是网络语言本身的问题，而是对于语用环境把握不当、滥用网络用语所造成的问题，因此从语用学角度上规范对网络用语的使用才是规范网络用语的关键所在。

（一）根据语用交际目的，确定说话大致内容

交际双方想要达到理想的交际效果，首先应该明确交际目的。[1] 如果是一种轻松的交际目的，显然谈论严肃沉重的内容并不恰当；相反，如果是一种庄重正式的交际目的，谈论一些搞笑的内容也是不恰当的。由于网络语言自身带有趣

〔1〕 何自然、陈新仁：《当代语用学》，外语教学与研究出版社 2004 年版，第 119 页。

味性的特点，因此对于正式庄重的交际使用是要进行限制的，譬如在新闻类、时事类节目当中，我们应该尽量减少网络语言的使用。相反，如果在一种轻松的谈话类节目、生活类节目中，我们多使用一些类似“土豪”“文艺青年”等新鲜网络词汇，不仅能够使得节目效果更加轻松，同时也能够使得节目更加接地气。因此针对不同交际目的，限制或者采用网络语言是要具体问题具体分析的。

（二）根据语用交际场合，确定说话方式

首先，交际双方的熟悉程度会决定讲话的详细程度：一般来讲，双方彼此了解越多，共同点越多，说话往往越简洁。[1] 由于网络语言呈现出高度的简洁性，因此在并不熟悉的两人之间采用网络语言交流，由于共同背景信息的缺乏，交际效果会比较差，网络语言更加适合与彼此熟悉度较多的两个人之间进行交流。比如说到“剁手”这个词，可能双方都是网络购物爱好者时才能理解其含义，如果一个从来不进行网络购物的人恐怕很难理解甚至根本注意不到这个词的存在。

其次，双方的亲疏程度会决定讲话的礼貌程度：一般情况，双方越亲近，讲话越直接，就越不需要过多地考虑礼貌

〔1〕 何自然、陈新仁：《当代语用学》，外语教学与研究出版社 2004 年版，第 119 页。

策略。[1] 这就是为什么当下很多人觉得在使用网络语言进行沟通时不被尊重，因为网络语言表达通常比较直接，不太委婉，在交际双方不太熟悉时，大量使用网络语言确实容易给人造成不礼貌的感觉，因此我们在同不太熟悉的人进行交流时还是应该多使用规范用语，在同自己熟悉的人交流时，使用网络语言沟通效果更好。

最后，交际场合的正式程度会决定话语的语体色彩：一般来说，交际场合越庄重，讲话就越正式。大量的网络语言为了达到更好的传播效果，趣味性特点都十分明显，而一些语用场合是十分严肃的，应该限制网络语言的使用，譬如新闻播报，谈判场合等，我们基本会认同，越是正式的交际场合越应该限制网络语言的使用。

结语

网络语言虽然处在一个飞速发展的阶段，但毕竟产生的时间还非常短，发展很不充分，对于网络语言我们在享受它给我们沟通所带来的便利时，也要加强对其进行规范化地使用，既要发挥其简洁性和趣味性的优势，也应该遵守语用原则，以达到更好的交际效果。网络语言作为一种新兴语言方式，处于一个自身发展的初级阶段，未来肯定还会有很多发

---

〔1〕 廖运全："语境在会话含义分析中的地位和作用"，载《理论前沿》2017年第9期。

展变化，我们应该持有一种开放的态度，持续关注这种发展变化。

参考文献

[1] 陈冰清："论网络语言的语用原则"，载《考试周刊(下卷)》2009 年第 28 期。

[2] 丁钰倩："网络语言在综艺节目字幕翻译中的应用——以《厨艺大师》第七季为例"，载《海外英语》2017 年第 11 期。

[3] 岳瑞玲："网络语言之语用分析"，载《语文学刊》2011 年第 8 期。

[4] 刘晓萍："'女汉子'与'女子汉'：火与冰——元语言视角的解读"，载《山东女子学院学报》2016 年第 4 期。

[5] 张璐："从语用角度试析网络语言特点及其规范化"，载《安徽文学下半月》2008 年第 5 期。

[6] 苏一凡、王秀容："网络语言对语用学原则的挑战"，载《中国矿业大学学报（社会科学版)》2006 年第 9 期。

[7] 王业坤："浅谈中国法律语言学研究的方法问题——以'法学和语用学相结合'的研究方法为参照"，载《研究生法学》2013 年第 5 期。

[8] 冉永平：《语用学：现象与分析》，北京大学出版社 2006 年版。

[9] 何自然、陈新仁:《当代语用学》，外语教学与研究出版社 2004 年版。

[10] 廖运全:“语境在会话含义分析中的地位和作用”，载《理论前沿》2017 年第 9 期。

网络词汇失范现象研究

互联网作为一项革命性的技术，从产生到发展的短短十几年时光中，产生了空前的普及率和影响力。2016 年 1 月 22 日，中国互联网络信息中心发布第 37 次《中国互联网发展状况统计报告》，《报告》显示，“截至 2015 年 12 月，中国网民规模达到 6.88 亿，互联网普及率达到 50.3%，半数中国人已接入互联网。”[1] 互联网的发展，给民众的生活带来了天翻地覆的变化，通过互联网，越来越多的人有机会通过互联网发声。从网络论坛到博客，再到微博的出现，网络发展已经使现代传媒进入到一个所有人对所有人传播的时代。新媒体技术的不断革新使互联网作为一条信息交流的纽带，让每一个网民既是信息的接受者又是信息的发出者。“一旦进入网络空间，个人和组织都能够凭借电脑化的大规模信息交流系

〔1〕“第 37 次中国互联网络发展统计报告”，载 http://www.cnnic.cn/hlwfzyj/hlwxzbg/hlwtjbg/201601/t20160122_53271.htm.

统建立多向的相互联系；这时候，同一个人或组织既可以是新闻和信息的接收者，也可以成为新闻和信息的传送者。”〔1〕

随着网络的普及和网络用户的增多，网络语言成为一种新兴的语言形式。特别是进入新媒体时代，每一个网络用户都成为网络语言的创造者和传播者，网络语言获得空前的发展。其形式多变、内容丰富的特点，从侧面反映出汉语深厚的底蕴。但是，随着网络语言文化的发展，网络语言的失范现象日渐严重。其中，词汇作为语言体统中最活跃的部分，最容易受到网络发展的冲击从而产生变化，有的变化在网络特定语境下看似符合交际要求，但是在规范交际中，会影响到词汇的正确表达和理解，从而对现代汉语的发展产生不利影响。因此，对于网络词汇失范现象的研究十分迫切。

一、网络词汇失范现象

（一）词义别解

词义别解是指改变词汇本身的含义，在新的背景下赋予其不同的含义。在特定语境下，词义别解能够幽默地表达出特定的含义，但是超出了特定语境的范围，这个词汇的含义便难以理解，对交际产生影响。从前几年的流行词汇，如

〔1〕 马克·列维：“新闻与传播：走向网络空间的新时代”，载《新闻与传播研究》1997 年第 1 期。

“感冒”（对某件事物感兴趣）、“抽风”（形容一件事物不能正常运作）、“补刀”（形容对一件事物提出更为犀利的言论）、“逗比”（形容一个人非常幽默，有一定的贬义含义）、“草根”（没有身份背景的普通人），到今年开始流行的“小鲜肉”（指气质容貌较好的年轻人）、“手滑”（操作失误）、“吃土”（形容没有钱）、“剁手”（指网上购物，不知不觉花费大量金钱）等。这些词语在一定程度上增强了网络语言的幽默性，但是一旦超出特定语境进入日常交际当中，便会因词义表达不准确性产生歧义。

（二）谐音假借

谐音假借在网络语言中多有出现，如“蒜你狠”（算你狠）、“口耐”（可爱）、“神马”（什么）、“谣盐”（谣言）、“矮油”（哎呦）、“鸭梨山大”（压力山大）、“涨姿势”（长知识）、“怪蜀黍”（怪叔叔）等。谐音假借是网络语言中常见的现象，占有很大的比例，主要原因在于其幽默感和灵活俏皮的语音语调在年轻人中颇受欢迎。但是，谐音假借会对词汇本身的语音语调造成误读，特别是在年轻群体和低学历群体中，大量泛滥的谐音假借容易对普通话的推广造成负面影响。

（三）外来语汉说

外来语汉说是指在网络语言中从其他语言音译或简单直译而来的词语。外来语极大地丰富了汉语语言的内容，有的外来语已经成为规范汉语的一部分，如“汉堡包”（hamburger）、“克隆”（clone）、“吉普车”（jeep）、“热狗”（hotdog）、“派对”（party）等。早先流行的外来语多来自于英语词汇，随着网络的发展和日韩文化在我国的流行，特别是二次元文化在我国年轻群体中的普及，以日韩外来语为代表的网络语言也流行起来。如“长腿欧巴”“壁咚”“萌”“大丈夫”“鬼畜”“正太”等。同时外来语汉说也融入了很多不同国家和地区的语言，如“败”“图样图森破”“粉丝”“马杀鸡”“狗带”等。这些外来语汉说对于融入外来文化具有很大的推进作用，但是在统一性和规范性上具有很大的欠缺。

（四）方言

在网络词汇当中，有相当一部分词汇根据地方方言形成。如“灰常”“亚克西”“捉急”，其中很大一部分依据了港台地区的语音语调。如“酱紫”“不造”“把妹”等。在现代汉语中，除了搬借外语词，还吸收了汉语方言中表意新颖或者表达力强的词语，这些词语作为方源词，已经成为标准汉语语言体系的一部分。但是在网络语言中，很多新兴的词汇并没有被现代汉语所吸收成为正式的词语，在运用过程中，只有在特定的语境下才能被理解，超出这个语境范围之外，就会因语音和意义的小众性难以普及。

（五）汉语拼音缩略

网友在交际过程中，经常使用一些汉语拼音缩略词。这种缩略词大体可分为两类。第一类，常用词语的缩略。如“gf”（女朋友）、“JJ”（姐姐）、“LZ”（楼主）、“PLMM”（漂亮妹妹）等。第二类是用拼音缩写表达一些不宜说出口的词汇，特别是带有侮辱性的脏话，如“BB” （唠叨）、“NB”（厉害）、“NND”（奶奶的）等，这类谐音现象试图采用缩略的形式来规避不雅的表达，但实质上也造成了网络环境的不文明。其次，单纯的拼音缩略很容易造成理解的混乱，对于同一个拼音缩略词，不同的人有不同的理解。

（六）网络词汇的道德失范

在网络词汇的失范现象中，不仅存在本体的失范现象，也存在着道德的失范。在纷繁复杂的网络社会中，不乏滥用不雅词汇进行人身攻击的现象。以网络语言为武器对他人进行诋毁和谩骂，从而使对方精神上和心理上遭受伤害的行为屡见不鲜。脏话、低俗词汇大行其道，如“装逼”“土肥圆”“碧池”“跪舔”“滚粗”“碧莲”等，有的是运用了谐音，有的是根据英文语音转化而来，具有随意性、非理性和情绪化的特点。这些不雅词汇，不仅会给受攻击者造成心理上的伤害，同时也污染了网络环境。

二、网络词汇失范现象的原因

（一）主体根源

“互联网的最大成功不在于技术层面，而在于对人的影响。”[1] 互联网不仅深刻改变着人们的生活方式，更在网民的影响下发生着变化。当下，网络作为最便捷、准入门槛最低的信息传播平台，较传统的信息传播方式更易吸收不同社会背景的用户。随着信息技术的发展，我们的日常生活已经离不开互联网，网络已经从“阳春白雪”“飞入寻常百姓家”，更加贴近人们的生活。大量用户涌入互联网，网民的素质水平也更加趋向于多元化。网民素质的良莠不齐，必然导致网络语言失范现象的产生。

此外，由于兼具隐匿性和便利性等特点，使得网络活动缺乏法律法规和伦理道德的约束和控制。心理学家指出，每个人的内心都存在着原始的攻击欲，特别当这种攻击行为可以在网络这个虚拟社会得到掩盖时，这种攻击欲便被无限放大。人们不再依赖传统的社会交流，更不用担心他人的道德职责，网络社会的虚拟性，使大家感受到前所未有的“自由”和“安全”。不少网民便利用网络作为现实社会心理压抑的发泄口，不加节制地释放自己的情绪，网络语言的失范

---

〔1〕 郭良：《网络创世纪——从阿帕网到互联网》，中国人民大学出版社 1998 年版。

现象便由此产生。

(二) 社会根源

网络语言特别是网络词汇的失范现象,一定程度上也应当归因于网络与现实社会的分离,在缺乏现实社会道德监督的情况下,网络容易成为滋生失范现象的温床。“网民产生被解放的感觉和为所欲为的冲动,现实交际的语言规范不时被打破,各种标新立异、语出惊人成为网络语言失范的常态。”[1] 此时更加需要政府的有效监管和网络运营机构的调控。尽管互联网技术已经取得了巨大的成功,但仍存在着诸多局限,新的问题仍然层出不穷。首先,政府监管缺失是造成网络语言失范现象的主要原因。“在网络监督和管理中,政府必须结合‘有形的手’和‘无形的手’,双管齐下,而不是扮演者‘守夜人’的角色。”[2] 其次,一些网络运营商为了追求更高的利益,不仅对于网络上的种种失范现象视而不见,甚至助长网络不正之风,导致网络中充斥着大量引人眼球的猎奇、低俗内容。在经济利益和社会责任之间,许多网络运营商无法做到真正平衡二者的关系。最后,缺乏必要的法律法规的规制是网络词语失范现象产生的重要原因。

---

〔1〕 常昌富、李依倩编选,关世杰等译:《大众传播学:影响研究范式》,中国社会科学出版社 2000 年版。

〔2〕 倪胜男:“当前我国网络语言伦理失范及对策研究”,南京林业大学 2015 年硕士学位论文。

三、网络词汇失范现象带来的影响

网络中的另类表达和另类语言，正在逐渐冲击着既有的语言规范，并且在不断渗透日常生活和应用的过程中，对于规范表达和信息传播造成不可避免的混乱。词汇作为语言的建筑材料，是表达的基石。网络词汇的失范现象，从根本上影响着网络语言表达的规范性和可传播性。在新媒体发展的当下，人人都可以作为发声的主体，都可以作为网络词汇的创造者和传播者，对于网络词汇的失范现象，如果不加以遏制和规制，其影响必然是深重的。

（一）对于现代汉语体系规范化造成冲击

与传统汉语语言相比较，网络语言变得越来越不规范，仅仅从词汇角度可以看出，网络语言本体失范现象已经影响到汉语语言体系的规范化。很多人认为，没有必要对网络词语的失范现象过多重视，网络词汇纷繁复杂，可以允许它有一个自身消化和扬弃的过程，一定时期之后那些不适宜表达和传播的词汇会渐渐淡出，那些富有创意并且被普遍认同和接受的部分将渐渐和人们的表达融为一体。但是，值得一提的是，规范化和标准化是语言文字发挥其职能的前提。在词语传播和表达的过程中，新词语的创造层出不穷，在极短时间内大量更替，缺乏稳定性，网民们随意使用和创造各类词语。这些缺乏规范化和标准化的非规范性词汇，首先冲击的是现代汉语体系的稳定性。

（二）冲击传统语言教育

网络词汇的不规范也冲击传统的语言教育。根据中国互联网络信息中心的统计显示，“截至 2015 年 12 月，网民中具备中等教育程度的群体规模最大，初中、高中/中专/技校学历的网民占比分别是 37.4%、29.2%。与 2014 年底相比，小学及以下学历人群占比提升了 2.6 个百分点，中国网民继续向低学历人群扩散。”[1] 由此看来，随着网络技术的发展，越来越多的低龄、低学历群体正在加入网民的阵营。低龄群体正处于掌握语言基础的时候，还没有形成对于语言体系的正确认知和掌握。网络上充斥的大量非规范化语言，极易影响着没有语言基础的低龄群体，很可能会对其传统正规语言的学习产生负面影响。很多中小学生在作文写作的时候，受到网络语言潜移默化的影响，常常将不规范的网络词汇误作规范语言使用，正说明网络词汇的失范对其语言学习造成的不良影响。

（三）影响社会交际

部分网络词汇呈现出高度变异的特点，不少是根据方言和谐音转化而来，运用在互联网特定语境之下，只有在该特定语境之下才易于理解。“这种新型的人际交往空间所形成的

---

〔1〕“第 37 次中国互联网络发展统计报告”，载 http：//www.cnnic.cn/hlwfzyj/hlwxzbg/hlwtjbg/201601/t20160122_ 53271.htm.

新型语体形式体现的是一种新的社会方言。"[1] 它是有别于传统汉语表达的新兴表达形式。很多网络词汇高度变异，超出特定语境范围外，则难以被公众所理解。因此，网络词汇的失范，使其可沟通度降低。而网民，特别是年轻网民群体在日常交往中，容易受到网络语言的影响，在沟通中使用频率较高，使接受者难以理解。因此，网络词汇的失范一定程度上影响到了社会交际。

（四）影响传统道德

在当今的网络环境下，网络语言中恶语、脏话层出不穷，网络语言暴力现象严重。网络的虚拟性、自由性使道德的约束作用大大降低。当下，网络这一广阔的信息交流平台既是网民发声的阵地，又成了一个公众恣意表达的场所，如果不对网络语言失范现象加以遏制，大量泛滥的低俗词汇将冲击传统道德的底线。一些格调不高甚至粗鄙、暴力的语言在网络上泛滥，不仅影响到网络环境的清新与健康，更会影响到网络发展的进程。

四、规制网络词汇失范现象的措施

（一）增强网民的规范意识

网络语言使用的主体是网民，因此应将规范网络语言的

---

〔1〕 施春宏："网络语言的语言价值和语言学价值"，载《语言文字应用》2010 年第 3 期。

重点放在提升网民的规范意识之中，增强网民的自律性，使规范表达成为网络生活常态。不随意、任意创造新词汇、不盲目跟风，提升辨别能力和基本道德素养，使语言规范化的观念深入人心。同时，应当强化网民的监督意识，对于不规范甚至低俗、不道德的网络交流语言应自觉抵制，并对不健康、不规范的网络语言及时举报，使失范的语言现象丧失生存空间。只有当网民自觉抵制语言失范现象时，才能使规范网络语言更加行之有效。

（二）借助媒体的传播功能

在规范网络语言工作上，新闻媒体在社会导向方面起着至关重要的作用。媒体应当真正做到规范自我，不能为了点击率而哗众取宠。同时，主流网络媒体应当主动配合相关部门开展工作，宣传和教育广大网民规范网络用语。

（三）强化政府的监管机制

政府部门首先应当承担起监管职责，大力打击不文明网络行为，对于网络语言失范现象，及时出台相关规定进行规制。其次，大力促进相关立法工作的进行，严厉打击网络语言暴力行为。互联网立法有利于强化网民的法律意识，使网络语言规范化工作有法可依。

规范网络语言的技术矫正研究

一、问题的提出

《教育部语言文字信息管理司2016年工作要点》中提到，强化语言资源建设，重点建设多种媒体动态语料库及相应的监测管理系统。建设通用汉字全息数据库，整合完善现有语言资源基础，为社会提供服务，推进语言文字信息化建设。2000年10月31日，第九届全国人大常委会第十八次会议审议通过的《中华人民共和国国家通用语言文字法》，这是我国历史上首部也是唯一一部关于语言文字的专门法律，标志着我国语言文字规范化、标准化工作开始走向法制化的道路。在进入21世纪后，原教育部副部长、国家语委主任袁贵仁在语言文字应用研究"十五"科研规划论证会上，明确提出要注重借助现代化的工具，促进语言文字工作应用研究手段和信息服务手段的现代化。"抓紧语言文字基础设施建设，搭建语言文字政策制定、基础研究、应用研究和规范标准建设的坚实平台。要进一步建设好国家级现代汉语语料库，建立语言文字工作专家库和信息库，建设中国语言文字网站，即'三库一网建设，推进语言文字工作和科学研究的数字化、网络化'。"[1]

从宏观上说，网络语言是网络传播中能够接触到的一切表达内心想法的语言；从中观层面来说，网络语言是在某些特定场所（比如聊天室、论坛和博客等）利用常见网络技术语汇或者是自造的言语进行交流使用的语言；从微观层面来说，网络语言是用字母、字符和符号为单位构建出在网络上普遍流行使用的人际传播符号系统。[2] 总之，网络语言本质上是一种高度"键符化+口语化+准书面语"的"符号集合体"。[3] 现在出现的网络语言正逐渐成为约定俗成的新词，但在大多数情况下，网络语言仍处在未被规范的状态。此外，某些网络语言完全背离了传统的语法、语义等，让大众对网络语言既熟悉又陌生。[4] 因此，我们需要通过语言规范工具来对语言的非通用化进行矫正，善于利用信息化的手段和成果促进语言文字工作。

---

〔1〕 袁贵仁："以规范标准建设为核心，开创语言文字应用研究新局面"，载《语言文字应用》2001 年第 3 期。

〔2〕 曹进：《网络语言传播导论》，清华大学出版社 2012 年版。

〔3〕 曹进、赵鸿章、王灏："汉语网络语言语料库：研制与应用"，载《兰州文理学院学报（社会科学版）》2015 年第 5 期。

〔4〕 曹进、赵鸿章、王灏："汉语网络语言语料库：研制与应用"，载《兰州文理学院学报（社会科学版）》2015 年第 5 期。

二、现有的主要技术手段

（一）语料库的设计与开发

语料库已经成为语言规范研究中广泛采用的研究方法。语料库建设过程包括规划阶段、需求分析阶段、数据库框架设计、语料收集、语料导入、双语句子对齐、双语句子分词、语料校对等。明确分析研究需求后，确立设计语料库的规模和收集范围，完成清理入库并进行语料校对工作。语料库的建立主要使用已有的输入技术，重新制作电子文本或者利用已有的电子文本进行语料的收集，制作电子文本可采用光电扫描输入（OCR 技术）或者是键盘输入等。语料库的设计可以依据语料本身、语料加工、语料应用进行。目前有关语料库的检索系统、语料库的处理和分析工具也备受人们关注。建立语料库主要是为了进行分析研究，可以通过检索系统进行关键词检索、模糊检索、搭配检索、句型检索、对译词检索、多作品联合检索、多译者联合检索和检索结果自动排序等。利用检索还可以进行词频统计，可从中归纳语言规律。[1] 目前主要的语料库软件有：词汇索引工具（concordancer）、自动和手工标注工具（词性标注、句法标注、语义标注、语用标注等）、文本整理工具（文本格式转换、文本

〔1〕 刘波："语料库的分类、创建和检索简述"，载《学理论》2010 年第 3 期。

编码转换)、口语转写工具、统计分析工具等。[1] 同时，对语料库的相关工具开发已经有详细的归类，具体如下。

表一　四代语料库开发工具[2]

代次	年代	作者	索引工具名称
第一代	1951 年	Roberto Bumn	不详
	1978 年	A. Reed	CLOC
	1992 年	Roger Garside	XANADU
第二代	1989 年	J. Bradley, et al.	TACT
	1991 年	Higgins	MiniConcordancer
	1993 年	Mike Scott & Tim John	MicroConcord
第三代	1997 年	Mike Scott	WordSmith Tools V2. 0
	2012 年	Mike Scott	WordSmith Tools V6. 0
	2002 年	Laurence Anthony	AntConc
	早于 1999 年	Michael Barlow	MonoConc Pro
	早于 2005 年	Lou Burnard & Tony Dodd	Xaira
第四代	2000 年	S. Hoffmann, S. Evert & A. Hardie	CQPweb
	2002 年	Mark Davies	BYU corpora
	2002 年	Adam Kilgrariff	SketchEngine

---

〔1〕 许家金、贾云龙:“基于 R－gram 的语料库分析软件 PowerConc 的设计与开发”，载《外语电化教学》2013 年第 1 期。

〔2〕 许家金、贾云龙:“基于 R－gram 的语料库分析软件 PowerConc 的设计与开发”，载《外语电化教学》2013 年第 1 期。

语料库是存储于计算机并可以利用计算机进行检索、查询、分析的语言素材的总体。我国从1990年开始建立大型的国家级语料库，1993年将建立现代汉语语料库的人物列入国家语言文字工作委员会“三定”方案中，7000万字的生语料库已于2001年建成。语料库建成后，拟每年增补350万字的新语料。[1] 此外，我国建立的语料库十分丰富，目前已经建立的语料库有国家级主持的国家语言资源监测语料库、国家语委现代汉语语料库等；大学主持建立的语料库有清华大学的汉语均衡语料库 TH－ACorpus、山西大学的语料库、华南师范大学语料库等；报社建立的语料库有《人民日报》语料库等。

（二）中国语言文字网站的开发

中国语言文字网在2001年9月开始筹备建设，并于2002年6月26日正式开通，办网宗旨是：宣传国家语文政策，服务社会语言生活，引导社会各界正确使用祖国语言文字，提高国民语文素养。中国语言文字网站的系统建设是以网络硬件系统建设为基础，实现 Internet 国际互联网的接入；以 TCP/IP 和 WWW 技术为核心，将网络技术、编程技术、安全技术相结合，采用千兆以太网技术，将网站架构为高效率、高管理性、高可靠性的网络平台。在主机房同一台交换机连

〔1〕 来源于中国语言文字网。

接服务器、防火墙和路由器，用虚网技术划分内部网络、外部网络和 DMZ 区网络。同时，利用防火墙设定策略保证内部网络的安全性。网站总体结构如图一。[1]

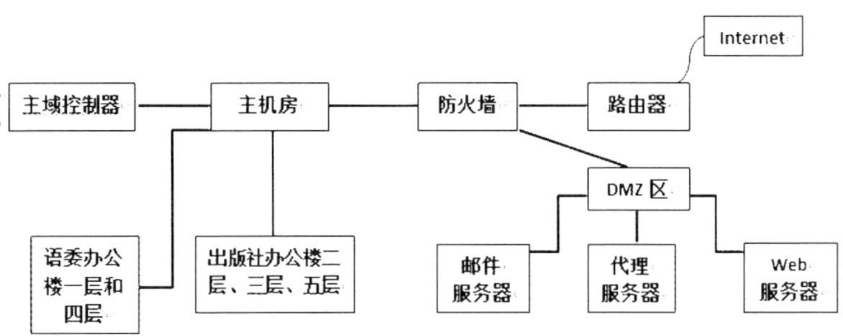

图一　中国语言文字网站总体设计结构

此外，语言文字网设计的一般方法是利用 ASP 技术并且借助 access 数据库进行网站的设计开发，同时利用首页自动识别客户端技术、分页查询技术、后台管理员验证、登录验证码技术等实现网站的功能。[2] 建立语言文字网站有助于实现全国语言文字工作的数字化和网络化。一是宣传国家语言文字工作的方针、政策；二是向社会提供语言文字工作的咨询和信息服务；三是实现网上语言文字远程教育；四是实现全国语言文字工作和科研管理的网络化；五是规范标准发布的平台和征求社会意见、讨论语言文字问题的渠道；六是连

---

〔1〕 于桂英："中国语言文字网的建设与展望"，载《中国语文现代化学会 2003 年年度会议论文集》，第 156 页。

〔2〕 李科、李红梅、刘远哲："高校语言文字网的设计与开发"，载《现代情报》2012 年第 7 期。

接海内外语言文字学术研究的桥梁。[1]

目前我国语言文字网站建设十分全面，如有中国语言文字网、北京市语言文字网、内蒙古语言文字网、上海市语言文字网、江西语言文字网等。我国语言文字网基本上已在全国覆盖，建立了成熟的体系。语言文字网站是基于网络全方位建设的数据库，在此基础上，要建立语言文字工作的数字化图书馆、反映百年语文现代化进程的数字化档案馆、语言文字专家库等。语言文字网站的大规模建立，有利于促进语言文字社会应用管理工作，为实现国家信息化、现代化建设提供良好的语言文字环境，规范网络语言在互联网上的使用问题。

三、当前技术手段的优缺点

（一）语料库技术的优缺点

语料库作为技术矫正工具，规模大、运算快、检索方便，可以基于语料库的研究尊重语言事实，通过实证性的研究分析，从语言事实去寻找语言规律，让研究更具有说服力。语料库虽然具有定性和定量相结合的实证优势，但仍然有其局限性。[2] 相较之前互联网时代的语言文字，网络语言具有更

〔1〕 袁贵仁："以规范标准建设为核心，开创语言文字应用研究新局面"，载《语言文字应用》2001 年第 3 期。

〔2〕 刘波："语料库的分类、创建和检索简述"，载《学理论》2010 年第 3 期。

大的弹性空间、不确定性、视觉符号性、不规则性、非线性以及非程序性。因为网络语言没有独立的语音系统，也没有严密的书写体系和成套的语法结构系统，它所用的材料和结构基本上都是全民自然语言所共同具有的，它还有明显区别于其他的现实用语的特点，语汇的差异最为明显，句式、言语风格、语体等方面也有不同。当前的技术手段还难以应对网络语言杂乱的表现形态。[1]

现在已有的技术还无法标注多种符号构成的网络语言，难以实现元信息标注，更无法与词性附码（part - of - speech tagging）。同时，还不能根据语料库进行文本输入，进行文本形符（token）、类符（type）的划分和甄别，只能一条一条计算网络语言。当前语料库建库技术通常是采用自动分词系统所采用的方法，主要基于字符串机械性的匹配加上检查技术并辅以自动分词知识。机械的分词方法包括最大匹配法、最佳匹配法、基于词频统计的分词方法、联想——回溯法、双向扫描法等。这种分词方法对于各种文字数字等夹杂在一块的网络语言就无法识别，如“星期一，我们要 hard 学习，干巴爹”等。此外，受到相关计算机技术的限制，只能对文本信息实现检索，而对于图像、音频、视频等无法直接对其内容进行检索，只能借助于与其相关的“标签信息”（tag）进

〔1〕 曹进、赵鸿章、王灏：“汉语网络语言语料库：研制与应用”，载《兰州文理学院学报（社会科学版）》2015 年第 5 期。

行间接检索。[1]

（二）语言文字网技术的优缺点

当前的语言文字网技术上已经十分成熟、完善。从专业性来看，将语言文字相关的政策法规整理得非常全面，查询法规政策十分便利，如地方法规《海南省〈中华人民共和国国家通用语言文字法〉办法》《陕西实施〈中华人民共和国国家通用语言文字法〉办法》等，也有国外的相关法规，包含国际一般的法规文件、地域性法规文件等。语言文字网更是全面收录我国对语言文字的规范标准，如语言文字规范标准名录、已制定发布的语言文字规范标准明细表、夹用英文的中文文本的标点符号用法（草案）、汉语手指字母方案等。从实用性看，网站的内容组织以用户的需求为目标，方便用户进行普通话测试。从易操作性原则，网站的导航栏目技术非常成熟，使得浏览者能够迅速到达想要了解的版面，网站结构层次清晰。但是，随着时代的发展，语言文字网也可能会面临更多地需要不断跟进的问题。比如形式较为呆板，没有充分利用现代化技术手段，缺乏互动等。

---

〔1〕 曹进、赵鸿章、王灏："汉语网络语言语料库：研制与应用"，载《兰州文理学院学报（社会科学版）》2015 年第 5 期。

四、技术化矫正手段可行性

（一）国家政策大力支持

在《语言文字应用研究“十五”科研规划及项目指南》中，提出要实现面向计算机和网络的语言文字应用，“研究语言信息处理前沿的新理论、新方法；加强语言信息处理的基础设施建设，包括建立经过多级加工标注的大规模汉语语料库和相关的数据库；制定语料库加工规范；加强基于语料库的语言、文字研究；研究术语自动提取、汉语自动生成和自动分析等问题；研究自动翻译的有关问题；研究网络语言及信息安全等问题。研究信息处理系统的评测标准，建立评测库；制定汉字键盘输入语言文字规范评价原则、汉语语音输入语言文字规范评价原则、汉字手写输入语言文字规范评价原则等”。[1] 其中，提到要研究网络语言的问题，可以看出国家对网络语言问题的重视。《国家语言文字工作委员会关于进一步做好语言文字信息化工作的若干意见》中明确要推进语言文字信息化建设，在其“工作目标”中指出，“到2020年，语言文字信息管理相关的规章制度及监督监测、测查认证等举措基本完善，信息处理和信息技术产品中使用的语言

〔1〕“语言文字应用研究‘十五’科研规划及项目指南”，载中国教育和科研计算机网，http：//www. edu. cn/ke_ yan_ 849/20060323/t20060323_ 111254. shtml.

文字规范化水平进一步提高”,[1] 在语言文字方面，让信息化服务语言文字事业。在重点任务中既要规范重点领域信息技术产品中的语言文字应用，还强调要构建语言文字工作信息化平台。“进一步加强语言文字门户网站建设，打造层次分明、结构科学、功能完善的语言文字门户群，构建涵盖信息公开、咨询服务、监督评测、培训测试、学术研讨、交流展示等各类功能的语言文字工作信息化平台，大力提升语言文字政务信息化水平。研发国家语言文字信息管理系统。建设语言文字决策参考数据系统，重点建设好语言文字政策法规数据库、中国百年语言文字规范标准数据库、语言文字工作历史档案库、语言文字使用状况数据库、语言文字舆情数据库。”[2] 可以看到，国家在软件上有战略性政策的指导，硬件上提供大量研究资金对技术开发进行支持。

（二）技术设计不断完善

网络语言是语言在互联网载体上的一个变体，它是不断变化的。为了更好地对网络语言进行技术矫正，便于研究网络语言，需要构建网络语言语料库。在目前已有的技术中，有的研究者主要采用 PHP + MYSQL 来建立网络语言语料库。PHP + MYSQL 是当前流行的开发语言和数据库，可以在 Win-

---

[1] “国家语言文字工作委员会关于进一步做好语言文字信息化工作的若干意见”，载 http：//moe. gov. cn/srcsite/A19/s7067/201403/t20140314_ 166176. html.

[2] “国家语言文字工作委员会关于进一步做好语言文字信息化工作的若干意见”，载 http：//moe. gov. cn/srcsite/A19/s7067/201403/t20140314_ 166176. html.

dows 系统下进行，也可以在 Linus 系统下运行，这种配置被称为 LAMP。在网站架构上，使用 PHP + MYSQL 可以更为广泛地适应网站建设和应用的需求。网络语言语料库主要是基于运行 Linus 系统中的 PHP + MYSQL 架构，采用基于后端数据库的动态网站模式。并且让网站直接接入互联网，以便于实时采集分析语料数据。为了保障语料库的安全性，选用的操作系统平台是 Linus，环境服务类型/Apache/2. 0. 48（Unix）PHP/5. 2. 0，PHP 版本为 5. 2. 0，ZEND 版本为 2. 2. 0，MYSQL 客户端库版本为 5. 0. 41。技术上的不断完善，能够让网络语言语料库得到有效建立，并且能够实现对网络语言的技术矫正。〔1〕 此外，建立语言文字网站，可以依据现有的中文信息处理技术，规范网络语言的智能检索、文本分类、信息过滤等功能。〔2〕

（三）信息收集更加便利

语料来源主要包括官方网站、门户网站、论坛、搜索引擎、社交软件、期刊、报纸等。为了实现网络语言的技术矫正，建立网络语言语料库，让语料库的建设更加全面，就需要大量收录网络语言。这可以通过志愿录入员进行人工录入，然后让计算机自动统计，用专门设计的模拟软件配合搜索。

---

〔1〕 曹进、赵鸿章、王灏：“汉语网络语言语料库：研制与应用”，载《兰州文理学院学报（社会科学版）》2015 年第 5 期。

〔2〕 陈小盟：“中国汉语网网站建设的几点思考”，载《语言文字应用》2006 年第 S1 期。

“子库1可以统计每一个大类与小类中网络语言的使用频次；可以检索、统计每一大类、每一小类的词条数；横向对比11大类或者64小类的词条数，画出11大类或者64小类差异的线图、直方图或饼状图；可以根据关键词搜索某词的大类或小类归属以及检索该词的释义。”[1]

五、技术矫正的建议

2017年7月18日，教育部、国家语委发布《中国语言生活状况报告》（2017），报告总结了2016年度十大网络语言，包括：洪荒之力、友谊的小船、定个小目标、吃瓜群众、葛优躺、辣眼睛、全是套路、蓝瘦香菇、老司机、厉害了我的哥。语言的生命力在于创新，而网络语言是语言丰富、创新的表现。网络语言的规范需要借助现代化的技术工具，而规范网络语言的工程是非常宏大的，其中需要投入大量的人力、无力、财力，更需要全社会的关注。在实现对规范网络语言进行技术矫正中，首先，深入了解网络语言的形成机制以及明确网络语言的特点，为实现技术矫正打下良好的基础。弄清楚网络语言产生的原因，网络语言的语法规律、特点和日常现实生活语言的差异，从而为制定技术矫正的信息处理规范标准，如制定包括字形、笔画、部件、结构、笔顺、字序

---

〔1〕 曹进、赵鸿章、王灏：“汉语网络语言语料库：研制与应用”，载《兰州文理学院学报（社会科学版）》2015年第5期。

在内的大字量汉字属性标准，普通话语音标准，信息技术产品相关评测认证标准，资源库的选材、建库、加工标准等。其次，注重文本库的搜集。从互联网中抽取网络语言，建立文本库。除了电子邮件、聊天室讨论、发短信、博客、跟帖评论、互联网杂志等，技术的发展已经开始产生新的文本类型，如视频网站中的弹幕等都是网络语言的聚集地和爆发地。此外，还可以建立动态语料库对网络语言进行实时监测，为规范网络语言提供研究依据。[1]

有学者指出："在信息领域内，以四大关键技术及产品为跨越发展的'龙头'。一是芯片设计技术，二是高性能信息网络，三是先进计算机，四是中文信息处理平台。中文信息处理平台是信息处理和研制开发中文信息产品的基础，抓紧中文信息处理平台建设是实现现代化建设的当务之急。语言文字的规范化、标准化工作，有利于促进和保证中文信息处理平台建设。"[2] 可见，通过计算机技术也可以建立网络语言处理平台，用技术矫正网络语言，净化网络环境，可以让互联网与社会相适应发展。

---

〔1〕 陈春雷："从失范走向规范——关于网络语言影响及规范策略的思考"，《学术界》2011 年第 4 期。

〔2〕 朱新均："信息时代语言文字的规范化和标准化"，载《中国青年科技》2003 年第 4 期。

规范网络语言的标准化建设的研究

语言作为社会发展最重要的交流工具，在长期发展过程中形成了自己的规范化体系。为了交流方便，语言需要词义清晰，这也就导致语言需要明确而通用的规范，否则难以发挥其传递信息、交流思想、承载文化的功能。当然语言的规范化也是相对于通用语言文字的规范化而言的，正如詹伯慧教授所言："语言规范不能脱离语言应用的实际，不能脱离语言发展的实际。从应用中来，到应用中去。这是语言规范化必须遵循的原则；源自语言实践，服务语言实践，这是语言规范既定的方针。"

随着互联网的广泛普及应用，通过网络获取、传递、交流信息已经成为获取信息的重要方式，而且网络已然和人们的日常生活紧密地联系在一起。与之伴随产生的网络语言作为一种新颖的语言形式，以其幽默简洁的特点深受人们的喜爱，并渗入到人们的日常生活中。在网络新闻、网络聊天、BBS、博客和微博中随处可见所使用的与网络活动相关的语言。从性质来看，网络语言是一种社会方言、流行语，从语言规范的角度看，网络语言也是网络时代背景下的语言的变异现象。

作为网络时代语言变异的产物，网络语言缺乏规范化、标准化，出现诸多粗俗浅陋的词语，网络语言的规范化显得尤为重要。而对网络语言规范问题的研究有着重要的学术意义和社会意义。网络语言失范现象给汉语、文化、社会的发展造成了不良影响，规范网络语言的目的不仅是为方便交际，更是为了维护汉语的纯洁性。

一、国内学界对于网络语言规范的态度

面对网络用语的流行和迅速传播，是否需要对网络语言进行规范这一话题已经争论已久，然而专家们态度仍然不一。支持者认为网络语言是汉语言的糟粕，需要进行规制。目前网络语言中的汉字、数字以及和英文的混杂使用，怪字、错字、别字的不规范使用，以及类似 BT“变态”等不文明用语的表达，严重侵蚀着汉语言。而且在青少年的口语甚至作文、日记中均出现了不少网络语言。因此，支持者认为如果不对网络语言进行规范，势必会影响青少年对汉语言的标准化学习，偏离传统语言的学习轨道，甚至会影响汉语言的传承与发扬。因此，支持者积极倡导对网络语言进行规制和净化。我国著名作家冯骥才曾评论到“网络语言给我们的民族语言带来了冲击，甚至造成了一定程度的‘烧伤度’”。同时，也有专家对网络语言规范提出了建议，指出：“对网络语言的归化需要做到以下几点：一是定期编辑新词语词典，增加有意

义的新词，删除不在流行或者已消失的词语；二是加强人们的语言规范意识，引导学生正确使用网络语言，注意交际语境，在合适的场合使用；三是对英文单词的翻译需要规范化，由权威部门统一审定、规定词语的翻译，使现代汉语更好地吸收外来语。”[1]

反对者认为，网络语言是时代的产物，极具创造力，并不是语言异类，更不是汉语言的糟粕，汉字、数字、英文的混杂使用可以实现交流的便捷性；而那些不文明用语的表达在社会生活中普遍存在，这种存在仅是一种消极的社会意识形态的客观存在，并不是网络语言的出现而引发的，只能通过提升全民道德素质才有可能改善，而不是通过行政手段进行规制。而且语言规范会影响语言的生动性、趣味性和表现力，也会影响语言的发展和前行，同时限制创作力以及个性的解放和自由的表达，正如社科院哲学研究所研究员徐友渔认为“语言本应是思想、交流、生活的工具，但它常常成为误解、敌意的渊薮、自由的牢笼，人类彼此间的最根本的隔绝就是语言的隔绝。人类的得救，一定包括拆语言的墙框，填平语言的鸿沟，能快乐地交流就够了”。当然一些比较奇怪的表达，脱离了广泛的交际情境便如昙花一现，无须进行规范，而会伴随着适者生存的规律自行筛选。

---

〔1〕 祁伟：“试论社会流行语和网络语言”，载《语言与翻译》2002 年第 3 期。

2004年后，学界对网络语言态度之争息止，网络语言作为新生事物逐渐获得了公众的认可，并应用到了主流媒体中，学者对网络语言研究也从其存在合理性转变为对网络语言本质以及从语言规范的角度认知、分析和研究。[1]

二十多年来，人们对网络语言从最初的概念描述、构词理论、认知理论[2]、模因理论[3]发展到顺应理论[4]，可以发现是一种从单一角度到多角度对网络语言进行多元研究转变的过程。从而使得人们更加全方位地认识和了解网络语言，从而可以从最初的抵制转变为客观理智的接受。目前，网络语言已经不再是一种语言现象，其早已融入社会生活，呈现一种文化现象。

二、国内网络语言规范之路

二十多年以来，学者对网络语言是否需要规范以及如何规范的争论，反映了网络语言规范与立法之路的曲折。

自1994年至1999年，我国网络语言处于早期，与通用语言并无较大区别，也就没有引起人们对网络语言的关注。

---

〔1〕 胡凌、刘云等："网络语言二十年发展综述"，载《湖南大学学报（社会科学版）》2014年第5期。

〔2〕 武小军："网络语言认知情况的社会调查与分析"，载《西华大学学报（哲学社会科学版）》2005年第4期。

〔3〕 李国防："网络语言适者生存——以模因的名义"，广东外语外贸大学2006年硕士学位论文。

〔4〕 侯志华："网络语言的顺应性研究"，山西大学2007年硕士学位论文。

然而自2000年至2005年，网络语言被报道出来，引起人们的关注。如2000年6月26日和27日《文汇报》的两篇文章《网络语言不规范引起关注》和《怎样看待新的网络用语》，被视为对网络语言的第一次冲击。自此，网络媒体开始关注网络语言的规范问题。

而2001年1月1日我国开始实施《中华人民共和国国家通用语言文字法》，其制定目的即第1条“推动国家通用语言文字的规范化、标准化”。然而，语言文字在具体运用中具有生动性、丰富性，因此在不同的社会领域对语言文字也就有着不同的规范要求，也就形成了通用语言文字在各个领域中的规范和标准。在不同领域制定语言文字的标准会让语言文字的规范更加完善。而今，互联网作为一个新的语言领域，衍生出了网络语言，也就需要对网络语言进行必要而恰当的规范。

2005年9月26日，中国新闻网发文《网络语言颠覆传统文字习惯》，讨论如何看待网络语言。紧接着，新华网于次日刊文指出网络语言流行对汉语造成的负面影响。当然，对网络语言的态度也不是呈现一边倒的现象，如2004年《新京报（北京）发文》指出对网络语言不能采取鸵鸟态度，认为“互联网的出现，改变了人类阅读的载体”。[1]

---

〔1〕 薛涌：“对网络语言不能采取鸵鸟态度”，载《新京报》2004年12月24日。

2006年上海市发布了《上海市实施〈中华人民共和国国家通用语言文字法〉办法》，并于同年3月1日生效。该办法第14条明确规定："国家机关公文、教科书不得使用不符合现代汉语词汇和语法规范的网络词汇，新闻报道除需要外，不得使用不符合现代汉语词汇和语法规范的网络词汇。"按照该办法的规定，在今后的上海市政府公文、教科书以及新闻报道中如若出现类似"恐龙""美眉"等网络用语的行为，则被认定系违法行为。该办法是国内首个利用地方性法规规范网络语言的措施，因此该办法自公布之日起便引起了轩然大波，再次在学术界引发了网络语言是否需要规制的争论。

2006年3月，福建省在审议《实施〈国家通用语言文字法〉办法（草稿修订稿）》时，也对网络语言进行立法规范进行了讨论，但未成文。[1] 此外，同年山西省为规范语言文字在太原各小学开展纠正用字不规范活动，并持续至今。

2006年3月30日，时任教育部副部长、国家语委主任赵沁，在2006年度语言文字工作会议的讲话中提出，"启动平面媒体、有声媒体、网络媒体、教育教材和海外华人社区语言5个动态流通语料库的建设，加强地方普通话语料库的建设"，并指出"社会语文应用中的一些新情况新问题亟需我们研究解决外语词、网络上出现的新构词方式和表达方式等

〔1〕《福建省实施〈国家通用语言文字法〉办法》，载中国教育网。

对传统的规范造成了冲击”。[1]

2010年，中华人民共和国新闻署发文《关于进一步规范出版物文字使用的通知》，指出滥用语言文字“严重损害了汉语言文字的规范性和纯洁性，破坏了和谐健康的语言文化环境，造成了不良的社会影响”。[2]

2012年5月，教育部在《2012年高等学校招生全国统一考试考务工作规定》中，首次将“高考时，除外语科外，笔试一律用汉文字答卷”的规定修改为“一律用现行规范汉语言文字答卷”[3]。同年12月4日，教育部、国家语委共同发布了《国家中长期语言文字事业改革和发展规划纲要（2012～2020）》，提出了语言文字工作的总体目标：“到2020年，普通话在全国范围内基本普及，汉字社会应用的规范化程度进一步提高，汉语拼音更好地发挥作用。语言文字规范标准基本满足社会需求，信息化水平进一步提高。”

2014年4月1日，河南省启动实施的《国家通用语言文字法》明确规定了应以普通话为基本用语的四种情况。[4] 在

---

〔1〕 赵沁：“以科学发展观为知道全面推进‘十一五’期间的语言文字工作”，载http：//www. moe. gov. cn/jyb_ xxgk/gk_ gbgg/moe_ 0/moe_ 1133/moe_ 1237/tnull_ 17029. html.

〔2〕 新出政发［2010］11号，《关于进一步规范出版物文字使用的通知》，载http：//www. gapp. gov. cn/govpublic/86/308. html.

〔3〕 教育部关于印发《2012年高等学校招生全国统一考试考务工作规定》的通知，载http：//www. moe. gov. cn/srcsite/zsdwxxgk/201205/t20120504_ 135374. html.

〔4〕《河南省实施〈中华人民共和国国家通用语言文字法〉办法》，载教育厅新闻办。

2015 年国家语委全体会议上，与会代表提出了尽快修订《国家通用语言文字法》，并指出对网络语言的使用进行规范和引导，加大语言文字工作的宣传力度。[1]

刘云教授曾在采访中说道："规范是进行中的作为，是对动态的语言现象的长时间观察的结果认定。在网络语言中，规范也需要分领域，如纯粹的网民在聊天室的聊天就可宽松点，然而在大众的日常生活中，使用网络语言就需要稍微严格一点。"[2]

然而近几年，网络低俗语呈现蔓延态势，在网络流行语中占有的比例迅速上升。特别是自 2014 年出现的一波网络低俗语后，这些词语不仅网民使用，各类自媒体和网络媒体，甚至一些主流新闻媒体在"两微一端"的文章中也在毫无顾忌地使用。2015 年 6 月 2 日，在国家网信办主持召开的"净化网络语言"座谈会上，人民网舆情监测室发布了《网络低俗语言调查报告》，其中就有 25 个最常见的低俗词汇。10 月 15 日，教育部发布《2014 年度中国语言状况报告》指出，网络语言粗鄙化需要治理，规范网络语言的必要性逐步得到社会认同。低俗化的网络语言，误导广大受众，不应任其泛滥。治理网络语言粗鄙化，是净化网络环境、促进网络文化健康

---

〔1〕"2015 年国家语委全体委员会议召开"，载 http：//www. moe. gov. cn/s78/A18/moe_ 807/201501/t20150119_ 183145. html.

〔2〕李明洁："网络媒体改变了我们的语言吗——与刘云教授对谈网络情境下的语言规范"，载《编辑学刊》2014 年第 2 期。

发展的现实要求。8 月 14 日，中宣部、中央文明办、中国记协联合举办了“抵制网络低俗语言、倡导文明用语”专题座谈会，并以中国记协和首都互联网协会的名义发布了《抵制网络低俗语言、倡导文明用语倡议书》，号召媒体和网站负起主体责任，净化语言传播环境。[1]

三、网络语言的规范、标准化

网络语言是互联网时代的产物，这个产物对传统汉语的发展究竟是起推动作用还是阻碍作用，我们不能武断地去下定义，但是可以肯定的是，只要我们有效地运用网络语言，合理地规范网络语言，还是会有利于汉语语言发展的。很多人在现实社会的交流中更是泛滥地引用这些不规范的词句，导致词不达意、字不达音等现象的发生，这对于传统汉语的冲击不言而喻。我们在对这种新兴事物加以包容、理解的同时，也必须对其进行有效的规范和改进。

（一）完善网络法律法规

网络道德建设对于维护网络语言规范化确实起着重要的作用，但是道德的约束力毕竟是有限的，维护网络语言规范还需要法律的约束。目前，我国已有一部分地区对使用网络语言进行规范立法。但是，地方性的法规其影响力和约束力

〔1〕 闵大洪：“对网络低俗语说‘不’！”，载《人民日报》2016 年 6 月 30 日。

毕竟是有限的，要想真正实现网络语言的规范化还需要尽快制定一部全国通行的网络语言规范法。

网络的规范文明建设离不开政府的措施。首先，对于网络语言不规范的现象，应积极找到对策加以引导和解决，国家语言文字工作部门应该根据社会信息化发展的特点和网络时代的特点，及时制定新的规范、标准，对新出现的失范现象必须引导和规范，充分利用网络信息化的手段和平台，宣传倡导语言规范，政府及企、事业单位的公文要注意语言规范，对于字母词、外语词、合体词、繁体字等现象的使用应遵照《国家通用语言文字法》的规定，给网络语言一个合理的定义，并且加强实施具体规范措施。其次，严格控制不文明、不规范的现象产生，采用先进的技术手段，对反动的、不健康、封建的和低俗的信息进行监控和“过滤”，防止不良信息对人们造成的危害。再次，召开规范网络语言会议，解读网络语言失范现象的产生，预防新的失范现象。最后，及时掌握网络语言的发展动态，通过多种渠道对网络语言进行监控和规范。倡导网络文明建设，要靠广大网民的觉悟和自律，人人都为良好的语言环境添一份力，鼓励对指正、揭露不规范语言现象的网民，做好全民健康语言发展的工作。

（二）提升网民道德意识

提高网络语言使用者的语言文化素养，是实现网络语言规范化的根本途径。语言是人创造的，最终也是由人来使用的，所以网络语言能否真正地走上规范化的道路，关键还要看网络语言的使用者的道德素质。这就要求我们必须通过科学有效的方式加强对网民的教育，从而促使网民使用规范的网络语言。首先，加强网民的语言规范化教育。在基础教育过程中要引导学生树立正确的语言规范观，使用规范的语言进行交流和书写，绝不允许网络中的不规范语言形式出现在学生的答卷中。其次，加强网络道德教育。青少年是网络语言的使用主体，在加强网络道德教育时必须把青少年的教育摆在优先的位置上。青少年处于道德人格的发展期，其可塑性较强，容易受到环境的影响，因此，必须加强对青少年的道德教育，使他们树立正确的语言规范观，自觉地使用规范语言，抵制不规范的网络语言。

（三）媒体舆论的规范

对于网络语言的规范，网络媒体和社会舆论起到了引导和监管的作用。我们应该鼓励一些大型的网络公司、网站等，使用规范化网络语言，像网易、百度、新浪、搜狐等强势网站，媒体的规范对全社会起到积极引导、示范的作用；对于网络新闻、数字化刊物及网络读物实施审查制度，通过各种渠道对网络语言运用进行评析和引导；倡导大型网站的平台与网民，签订网络语言规范使用要求，要求网民们使用规范的网络语言，并时时发出信息公告，提醒网民们使用规范网络语言，并且监督网民们的使用情况；规范网络语言，社会舆论的引导和监管也起着重要的作用，提高自律意识和道德意识，对构建文明社会也可以起到积极的作用。

（四）网络语言规范化教育

学校应当成为语言规范的主要阵地，积极推广普通话，使用规范字，注重培养学生的语言听说、书写能力，对出现在课堂上、作业中网络语言等失范现象更要积极引导，加以规范。网络是个不受年龄限制的自由空间。青少年使用网络语言单纯是为了追求时尚，有趣好玩的同时也伴随着极大的盲目性，对于青少年还未形成的完整的语言体系，网络语言会影响到他们的日常用语，甚至使用在作业、作文中。首先，要让学生从思想上提高认识，解决滥用网络语言的问题。教育学生明白滥用网络语言对语言表达和学习语言带来的负面影响。其次，要提高教育方法，培养学生对祖国语言文字的热情。再次，要制定一些与网络语言相关的教育计划。如编辑网络语言教材，开设网络语言课程等。进一步引导学生们吸取哪些充满活力的，已经被人们接纳的网络语言，摒弃那些粗俗失范的语言。最后，学生的培养离不开老师的教育和家长的督促。在学校，老师应当教育和引导学生讲普通话，并且严格要求学生文明用语、规范用语。在家中，家长要注重对孩子在语文知识和语言方面的培养，并且督促孩子学好文化知识。

四、总结

互联网日新月异的发展推动了网络语言的产生与传播，如今，网络语言越来越丰富，使用范围也逐渐扩大，已经成为日常交流用语的一部分。规范网络语言，首先要正确认识网络语言的影响及其失范因由。在此基础上，还要重点处理好规范与发展的关系，制定相应规范策略，以科学的规范观指导规范实践，并注意具体规范原则和方法的积极探索。通过规范网络语言，使其按照自身的发展规律不断地发展演变，并逐步进入到现实的语言世界中，成为现代汉语的有效补充。同时网络语言的发展也为我们的语言学研究提供了新的课题，推动着语言学向更宽广的领域发展。网络语言的标准化建设不仅需要网民的自觉与自律，也需要政府的适度监管。同时，也可以积极吸取域外有关规范网络语言标准化建设的有效经验，并结合我国实际国情制定出适合我国网络语言可持续发展的标准规范。

参考文献

[1] 欧阳友权:《网络文学本体论》，中国文联出版社2004年版。

[2] 于根元主编:《网络语言概说》，中国经济出版社2001年版。

[3] 刘海燕编著:《网络语言》, 中国广播电视出版社 2002 年版。

[4] 郭笃凌、郝怀杰:“网络语言的失范与规范”, 载《现代语文(语言研究版)》2006 年第 6 期。

[5] 黎昌友:“网络语言中的旧词新义”, 载《广西社会科学》2009 年第 5 期。

[6] 尚伟:“网络语言规范化的对策研究”, 载《长春大学学报》2011 年第 7 期。

[7] 朱新均:“信息时代语言文字的规范化和标准化”, 载《中国青年科技》2003 年第 4 期。

[8] 詹伯慧:“当前一些语言现象与语言规范”, 载《暨南学报(哲学社会科学版)》2001 年第 4 期。

[9] 陈文钦:“网络语言的兴起成因分析及其网络语言规范化问题”, 载《三峡大学学报(人文社会科学版)》2007 年第 A1 期。

网络信息管理视域下的网络语言规范对策

根据百度百科的描述，网络语言由网民创造，广泛地出现在聊天、网络论坛（BBS）等各种互联网应用场合，代表了一定的互联网文化，它来源广泛，多取材于方言俗语、各门外语、缩略语、谐音、甚至以符号合并以达至象形效果等等，属于混合语言。[1] 于20世纪90年代初诞生的网络语言，历经几十年发展，随着网民群体的不断壮大，网络语言层出不穷地涌现并呈“井喷”之势。由于各国语言及文化的不同，从而形成了各种不同的、具有地方特色的互联网络语言。这种语言形式在互联网媒介的传播中有了极快的发展，并渗透到现实生活中，对我们的生活产生了一定影响。

一、对网络语言规范的认知

网络用语采用的文字字形大都比较怪异，由符号、繁体字、日文、韩文、冷僻字或汉字拆分后的部分等非正规化文字符号组合而成。对于不甚了解的人来说，称之为火星文、脑残文。比如，Orz6 代表：偶认栽咯（表示很无奈）。对于这种有别于现代汉语习惯的地球人看不懂的语言，网络上竟然有人发明了一款火星文转换器。该转换器可以随心所欲打出各式字母数字火星文、拆字火星文，同时它兼容所有输入法，支持搜狗、谷歌、五笔输入，只要你想得到的输入法，都能随手变成火星文！被广泛应用于 QQ 聊天、QQ 空间、QQ 网名、QQ 个性签名、博客、论坛、网络游戏等，自推出

〔1〕 参见 http：//baike. baidu. com/view/47549. htm.

以来，获得了网友的一致好评！[1]

与此同时，为了解诸多千奇百怪网络语言的含义，网络上也专门出现了各种网络词典，比如国内的《金山鸟语通》，国外的“NETLINGO”等。除了电子版网络语言词典，传统词典中也有专门收录网络用语进行释义以及专门出版的中文网络语言词典，比较早的如2001年出版的于根元主编的《中国网络语言词典》等。当然，对于这种新奇的语言形式，人们对它的认识总有一个过程，有肯定的也有否定的，但大多数秉持宽容心态。词典的编纂并不是倡导大家使用网络语言，而是为了弄清这些不符合现代汉语逻辑规范的网络语言的含义。[2] 这些在争议中编纂的词典，尽管大家收录标准不尽统一，但无外乎都考虑到了网络语言使用频率，上口程度，影响力大小等因素。诸如此类现象似乎预示着，网络语言有着强烈的“转正”愿望。不管你承不承认，只要有网络、有网

---

〔1〕 参见百度百科，http://baike.baidu.com/link?url = tRrTG0H7ocT4O - d1gk2N32eiLIKdeijQGpqA1g95EQLF3BaKCDttgNF6e_ LqnOn9bX - eorWkTpaxh3ykaBgVm_ #6.

〔2〕 2004年出版的《牛津简明词典》（Concise Oxford English Dictionary）第十版也增添了“网络用语”这一附录。第四版《新英汉词典》“网络与短信常用缩略语”收录297个网络与短信用语是从国外相关电子汇集手册、学术研究中认真遴选，并比对国外的网络词典后最终确定的。国外的网络词典如“NETLINGO”等也收录了大量网络用语，第四版《新英汉词典》修订主编高永伟表示这个附录绝对不是为了让大家来学习并且倡导使用网络用语，而是在网络交流中一旦出现这样的表达，可以有工具查阅，帮助交流。2008年10月，《中国图书商报》公布由专家评选出的“改革开放30年最具影响力的300种书”书目，工具书中只有3本入列，分别是《新华字典》《现代汉语词典》和《新英汉词典》。

民、有网络媒介的存在，网络语言就会肆无忌惮地存在下去，只不过一部分网络语言会自生自灭；另一部分经过大浪淘沙会留下来，而留下来的却不一定都是“金子”。

在当今的网络时代，网络语言实际上已经形成了一种网络文化，上升到文化层面这个高度，就不是简单的语言自生自灭的问题，而是社会问题，是世界观问题。既不能漠视不管，又不能照单全收。[1] 而网络语言只有从小众走向大众，才能彰显其文化价值。也就是说网络语言要想成为现代汉语有益的补充和丰富发展，势必要走向规范之路。由于网络语言的渗透性极强，光靠网民的自律和网络的自净能力不足以消除网络语言对社会带来的负面影响。对待网络语言的态度，专家和学者们也经历了一个从“不屑一顾”到研究探讨规范之路的转变过程。

何谓规范？何时规范？怎样规范呢？目前比较认可的是规范的目的，即不是对网络语言加以限制和束缚而是引导和管理。通过阅读近十几年的相关文献资料，目前这方面的研究论文多从语言学，传播学、社会学，甚至心理学角度探讨网络语言的性质特点及规范，而且正如对近十年研究结果综述所总结的那样，这些研究成果重复多，定性研究多于定量研究，缺乏合作和有效组织等，而研究角度和研究内容方面

---

〔1〕 肖伟胜：“作为青年亚文化现象的网络语言”，载《社会科学研究》2008年第6期。

可待拓宽，[1] 并没有一个具体明确的规划方案。本文试图另辟蹊径，从网络信息管理视角来谈谈对网络语言的规范问题。

二、网络信息管理与网络语言规范

网络信息管理简言之是对互联网上信息资源的管理。网络信息资源是通过计算机网络可以利用的各种信息资源的总和，包括以文字、图形、图像、声音、动画和视像等形式储存在网络上并可供利用的信息。网络语言作为人们在网络上进行信息收集、发布和交换时使用的一切语言，不仅是网络传播中的文字视觉符号，还包括图像、声音和数码影像等广义的语言符号，它实际上是建立在数字化技术之上的对日常交流语言的一种重塑，是一种依托信息技术的信息资源，必然纳入网络信息管理的范畴。

网络信息管理的目的自然是使各种网上信息资源有序分类，清晰地表达每个资源所需的领域，使客户查找浏览时最大化地利用到资源。对网络语言进行信息管理，实际上就是对网络语言信息的各种相关因素，主要是人、网络语言内容、技术和机构进行科学的计划、组织、控制和协调，以实现网络语言信息资源的合理开发与有效利用。它包括两个层面：一是微观上对网络语言内涵的管理——网络语言的组织、检

---

〔1〕 陶冉：“近十年网络语言特点问题研究综论”，载《辽宁教育行政学院学报》2010 年第 7 期。

索、加工、服务等；二是宏观上对网络语言的媒介机构和网络语言系统的管理。[1]由此可见，对网络语言信息的管理即是对网络语言进行规范。

互联网络发端于国外，国外对网络信息管理有着成熟的理念和经验。纵观国外对网络信息管理的历程，大致经历了从任其自然到限制使用再到从宽疏导的一系列过程。比如美国 911 前放松管制，911 后加强管制，2003 年后适度管制，最后形成以“软”为主的多元化管理模式。

这一管理过程的形成有其深刻的背景因素：前期的放松管理，让网络这一新兴媒介有了足够的发展空间，让公众了解到这一公共话语平台；其后的加强管制，随着一系列限制性法规出台，网络各方的自主权受到阻碍，崇尚言论自由的人们对此颇有微词；为平衡各方权益，减少因网络信息严管而造成的弊端，美国网络信息管理逐步摸索出一套以强调自律和以技术、法律协调为主的多元化管理模式，即确立了适度管理的理念。[2] 这套理念和做法可为我们规范网络语言提供可资借鉴的经验和思路。

---

〔1〕 参见百度百科“信息管理”含义，http：//baike. baidu. com/view/23634. htm.

〔2〕 石萌萌：“美国网络信息管理模式探析”，载《国际新闻界》2009 年第 7 期。

三、网络语言规范的基本对策

（一）网络语言规范的基本原则

1. 合法性

但凡做事都要有依据，也就是有法可依。合法性原则是指执法主体的设立和活动要有法可依，行使职能也必须由法律授权并依据法律规定。依法行事是依法治国的核心和基础，对网络语言的规范概不例外。国家的根本大法《宪法》中明文规定“国家推广全国通用的普通话”，专门颁布的《国家通用语言文字法》《国家中长期语言文字事业改革和发展规划纲要（2012～2020 年）》等是国家通用语言文字法制化、规范化、标准化建设的法律依据。这些法律法规也是网络语言规范的法律基础。虽然目前还没有直接针对网络语言规范的法规出台，但限制使用的办法相继出台，有些省份的语言文字工作委员会就明确地禁止网络语言进入教科书和正式媒体，并颁布了一系列的“封堵”法令。2014 年 11 月 27 日，国家新闻出版广电总局官方网站发布了《关于广播电视节目和广告中规范使用国家通用语言文字的通知》，要求各类广播电视节目和广告应严格按照规范写法和标准含义使用国家通用语言文字的字、词、短语、成语等，不得随意更换文字、变动结构或曲解内涵，不得在成语中随意插入网络语言或外国语言文字，不得使用或介绍根据网络语言、仿照成语形式生造的词语。

此外，与网络语言相关的互联网管理方面的国家法规、地方法规、部门法规及专门针对网络管理和网络安全的法规办法等已相继出台，如《信息网络传播权保护条例》《互联网新闻信息服务管理规定》《互联网著作权行政保护办法》《电子认证服务管理办法》等；民间层面的自律公约也紧跟其后，诸如中国互联网协会的《中国互联网行业自律公约》《文明上网自律公约》，北京网络媒体协会的《北京网络媒体行业自律公约》，共青团北京市委与北京市学联共同发布了《首都大学生网络使用自律公约》等号召互联网从业者和广大网民从自身做起，自觉遵纪守法，倡导社会公德，促进绿色网络建设，摒弃消极颓废，促进网络文明健康发展。这些自律模式符合我国当前政府引导、行业发展和网民权益保护等各方要求。

依法治国是我国的治国方略，依法治“语”也是一个国家做好语言文字工作的方略。依法治“语”，就是要通过一定的法律规范公民的语言文字使用：一方面，要维护公民的语言权利，让每一个公民正常地行使自己的话语权；另一方面，要依法处理公民在语言文字使用中的种种违法行为，杜绝语言文字使用中的不规范现象，强化公民的法纪意识。[1]

---

〔1〕 冯广艺：“依法治‘语’，我们的生活离不开”，载《光明日报》2010年10月22日。

2. 适度性

对网络语言的规范和管理要把握分寸，掌握时机，宽严相济。适度是指事物保持其质和量的限度，是质和量的统一，任何事物都是质和量的统一体，认识事物的度才能准确认识事物的质，才能在实践中掌握适度的原则。网民在网络语言创制和运用上需要享有适当的权利和承担适当的义务，管理方和网民的权利义务既不能过宽也不能过窄，应该保持适度。适度性原则是平衡论在法律基本原则上的一个必然反映。一方面，网民的好奇心和创造性要保护；另一方面，网民在语言运用上的随意性和破坏性要加以疏导。鉴于网络信息管理的特殊性，一味采用“硬”手段会压制网民的激情和创新性，法律手段的使用应做到不妨碍创新，不侵犯网民隐私为原则；而放任自流，一味宽容势必会对传统文化冲击很大，对现代青少年的成长发展造成很大影响，造成生活中沟通不通畅等种种弊端，所以，“软硬兼施”把握尺度，是谓适当。这不是中庸，而是一种科学管理的明智态度。

（二）网络语言规范的基本模式

概括起来，网络语言规范基本模式包括宏观层面和微观层面。前者着眼于制度设计；后者着眼于法律、政策、技术、人文等具体层面。其目标是建立一个多方合作、多元配合的协同管理模式。多元化是指网络管理主体多元，管理规范手段多元多层，强调自律和以技术、法律协调为主的管理和服务。[1]

宏观上制度设计可看作是规则和规格的创建，其核心理念就是：网络语言信息管理是一个系统工程，借助网络社会信息管理模式，通过全方位监测和引导，可利于实现对网络语言终极规范的目标，达到现代汉语健康有序良性发展。包括对信息机构和信息系统的管理，主要是人，信息，技术和机构进行科学的计划，组织，控制和协调，手段包括软硬两个方面，以软为主，以实现网络语言信息资源的合理开发与有效利用的过程，如图一：

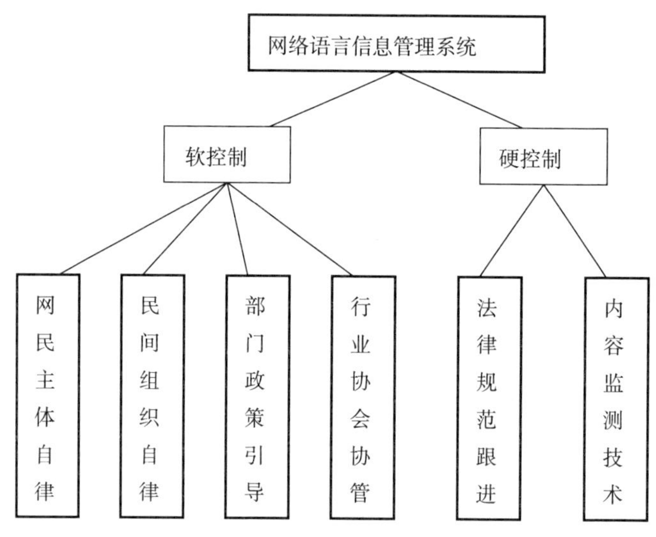

图一　网络语言宏观管理模式

〔1〕冯广艺："依法治'语'，我们的生活离不开"，载《光明日报》2010年10月22日。

微观上是对网络语言信息内容的管理——信息的收集、组织、检索、加工、服务等。一切与组织活动有关的信息，都应准确、毫无遗漏地收集。为此，要建立相应的制度，安排专人或设立专门的机构从事原始信息收集的工作。[1] 利用先进的技术手段收集、监测每时每刻产生的网络语言，并对其分类整理和统计分析，建立起网络语言的庞大语料库，在此基础上通过建立特殊规范，过滤筛选出可用的网络语言进入规范库，并定期公布，随时提供检索和服务。如图二：

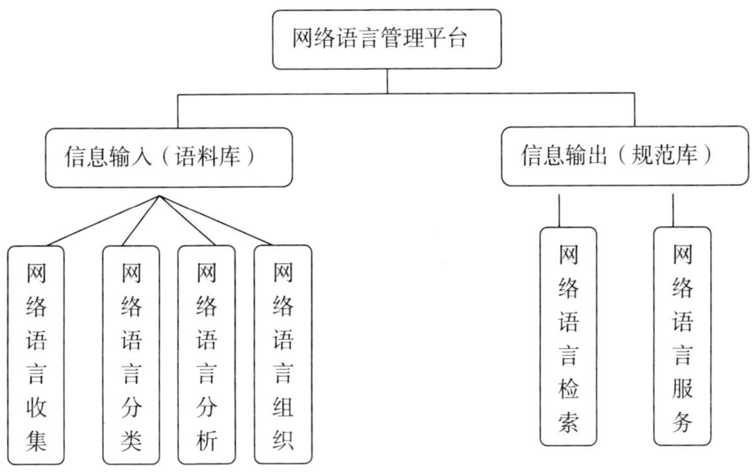

图二　网络语言微观管理模式

〔1〕 参见百度百科“信息管理”含义，http：//baike.baidu.com/view/23634.htm.

为了保障网络语言信息管理系统的有效运转，我们必须建立一整套网络语言信息管理制度，作为网络语言信息工作的章程和准则，使网络语言信息管理规范化。没有完善的管理制度，任何先进的方法和手段都不能充分发挥作用。

人们已经承认网络语言的普遍存在，并为其划定了特定使用范围，尽早加强对网络大量真实文本的研究，及时归纳、总结、提炼、概括其内在规律，提供一套网络语言规范标准，让网络语言有一个良好的发展环境是完全必要的。[1]

（三）网络语言规范的基本方法

1. 建立大规模语料库，为网络语言从语料库到规范库打下坚实基础

建立完整的网络语言语料库，并对网络语言的数量和使用频率随时跟踪，按照科学的分类原则和标准加以定量和定性分析整理和组织，定期公布网络语言收录和使用情况，摈弃不文明粗俗的网络语言。

网络语言的规范问题已引起国家层面的重视。据报道：2005 年 2 月 3 日，教育部语言文字信息管理司与华中师范大学共同建立了“国家语言资源监测与研究中心网络媒体分中心”，该中心将网页语言材料自动分类储存，建立超大规模的网络媒体动态语料库，对下载的语料进行自动分析、筛选、

〔1〕 邓红莲：“网络语言及其规范化探究”，载 http：//www. wenxue100. com/BaoKan/40191. thtml.

统计，观察分析语言现象的动态变化，并定期发布观察分析结果。[1]

建立大规模的网络语言语料库是必要的，以便于从静态和动态两个角度来全面考察网络语言的特征和发展趋势。这是一个很好的开端。利用这样的超大规模动态语料库，可以对网络媒体语言资源的语言文字应用情况进行监测和客观的描述；对若干专业领域的语言现象进行专项研究；对有关网络语言规范问题进行专项研究。因此，基于语料库的网络语言研究成为可能，这将使网络语言的研究方法更加科学化、精确化，从而保证研究成果更具客观性、准确性和代表性。把网络语言纳入传统中华语料库范畴，对其加以特殊规范，通过对非正规网络语言进行规范转换成正规的网络语言。

2. 科学规范建立网络语言的使用标准

规范意指明文规定或约定俗成的标准。科学规范网络语言的标准是能区别一般语言规范与网络语言规范。简洁明了，内容健康是对网络语言的基本要求。快捷便利是网络语言经久不衰的法宝，但前提是得让人明白，交流顺畅，否则语言就失去了意义；格调低下粗俗，内容不健康则是网络语言遭人诟病的根源。首先，从源头上摒弃一切不文明网络语言。其次，网络语言只是传统语言的变异，并没有游离于汉语语

---

〔1〕 http：//www. sinoss. net/2010/0514/21607. html.

言系统之外，故不能从根本上违背现代汉语的语音、词汇和语法的最基本规律和原则。鉴于网络语言的种种失范及泛滥现象，对网络语言的使用是有条件、有限制的，不能乱用。为了更好更准确地使用它，我们必须把网络语言赖以生存的社会、文化、民族等各种因素考虑进来，网络语言管理系统主体人员有技术、语言、社会、心理、法律等背景人员组成，机构各方有效组织和合作，完成从语料库到规范库的转换。

在这一转换过程中，要充分认识到，规范不是硬性的规定，在规范上要讲究策略，尤其在对待网络语言这一特殊表现形式方面，在区分好网络词语类别基础上，比如谐音替代、缩略简称、转义易品、符号组形、双语混杂、重字赘语、数字会意、拆字、拟声等，[1] 要注意柔性规范原则与层次性规范原则，既要有宽容意识、约定俗成意识，又要注意区别对待，分层次把关。规范时应针对不同语体提出不同的要求，如对官方大网站用语的规范与个人主页的用语规范就宜有所区别，对网上新闻、消息、公告等用语规范与对聊天室、留言板、博客的用语规范也宜有所区别，对学校学生和对社会一般人的网络用语规范也宜有所区别。对一切不文明网络语言要禁止，对一些特别的语言表达方式要系统观察、分析讨论，探索出一套既能保护网民的创造性和自主性，又避免网

〔1〕 邱少明："提升大学生网络语言道德水准的五条路径"，载 http：//theory.people. com. cn/GB/40537/8929352. html.

民随意性和破坏性的网络用语标准。

现在的一些做法就很好，为倡导网络用语符合汉语造词及语法规范打下了基础。比如定期向社会公布年度网络热词。教育部、国家语委每年向社会发布《中国语言生活状况报告》，[1] 对年度新词语中的网络语言予以关注；民间的“年度字词”“年度流行语”“年度新词语”等评选活动此起彼伏，网络语言赫然在目，[2] 其意义在于对语言的发展有极大的促进作用；各种电子和纸版网络语言词典在一定程度上有助于人们了解和知晓如何使用网语，还应适时地多开发出一些网络语言词典、外来词词典等产品。可以预见的是这些新的网络语汇会被主流文化逐渐整合、收编，最后成为占支配性语言的一部分。总之，制定网络语言规范要与现代生活方式相适应，注重传播效率，便于沟通交流，尽量地化繁为简，而不能“化简为繁”，故意把简单的事情搞复杂。

3. 发挥不同网络语言主体的功用

网络语言规范管理的主体包括政府、行业、民间及个人。网络语言规范不能只靠一方作为，应让网络语言的不同参与

---

〔1〕 官方的《中国语言生活状况报告》已连续九次发布。2013 年的中国语言生活状况报告中共有 364 条新词语“出炉”，网络词语“高端大气上档次”“小伙伴们都惊呆了”“待我长发及腰”“涨姿势”等上榜，代表了 2013 年网络语言使用的鲜明特征。特别是“喜大普奔”“不明觉厉”“人艰不拆”等网络多字格，成为 2013 年一大语言现象。参见《中国教育报》2014 年 5 月 30 日，第 1 版。

〔2〕 比如《咬文嚼字》编辑部，“百度知道”还有网民个人等都推出自己的年度流行语榜单。

者各自发挥作用，采用多重而非单一方式，实现各方力量协调。政府依法行事，行业协会起带头模范作用，网民加强自身修养，自觉自律文明上网。特别是网络媒体要带头规范地使用现代汉语，积极传播规范使用网络语言的理念，为提升全民族的网络语言素养提供媒介平台。监管部门也应发挥好监督作用，要从源头管理和监控各种不良语言的网上传播，铲除其土壤，为网民创造良好的网络空间及洁净的交流平台。在条件成熟时，细化相关法律，明示什么情况下能使用网络语言，什么情况下不能使用网络语言，并对那些乱改乱用汉语言文字的主体进行一定的惩处。

信息化时代网络语言规范是一项全民的、系统的工程，已上升至国家语言规划的战略高度，但鉴于网络的特殊性，需要动员全社会力量，通过政府或社会团体有目的、有组织地疏导和管理，个人文明使用网络，从而解决当今社会语言交际出现的新问题。

4. 加强网上语言规范使用的宣传力度

舆论宣传对于规范网络语言作用必不可少。媒体在宣传引导方面有着天然的优势，媒体的社会渗透力和人们在公众舆论中的从众心理，能有效地起到舆论造势和社会控制作用。网络用语虽然是语言文化在网络时代的一种必然产物，但网络语言鱼龙混杂，会损伤语言美的主干，这些生造词，既不是社会生活的需要，也无益于人际交流，最容易产生网络对文化的负面效应，所以，必要的规范和禁止无可非议。对此无论是纸媒还是网络媒体等都要带头做出表率。《人民日报》就曾发表了《评“网络新造词语流行”：语言该规范就要规范》一文，指出有些网络用语就是不好好说话，并认为语言该规范还是要规范。〔1〕

正如对待一个人，我们尊重他生活的权利和自由，但必须在法律允许的范围之内。网络语言也应如此，一方面要包容它，给它发展的空间；另一方面也要合理规范，将网络语言纳入汉语规则的范围，以减少网络语言对汉语的污染，甚至对人们精神文明的侵害。〔2〕

〔1〕 本文链接：http：//www. guancha. cn/culture/2014_12_04_302473. shtml.

〔2〕 王琦：“面对网络语言，要合理规范”，载 http：//www. chinanews. com/cul/2015/02-06/7041363. shtml.

图书在版编目（CIP）数据

网络语言的创新与规范化研究/王云主编. —北京:中国政法大学出版社，2018.10

ISBN 978-7-5620-8647-5

Ⅰ.①网…　Ⅱ.①王…　Ⅲ.①网络用语—研究　Ⅳ.①H034

中国版本图书馆CIP数据核字(2018)第238968号

出版者	中国政法大学出版社
地　址	北京市海淀区西土城路25号
邮　箱	fadapress@163.com
网　址	http://www.cuplpress.com（网络实名：中国政法大学出版社）
电　话	010-58908435(第一编辑部)　58908334(邮购部)
承　印	固安华明印业有限公司
开　本	880mm×1230mm　1/32
印　张	7.25
字　数	133千字
版　次	2018年10月第1版
印　次	2018年10月第1次印刷
定　价	32.00元